少しだけ「政治」を考えよう！

若者が変える社会

フェリス女学院大学シティズンシップ教育グループ
島村輝・小ケ谷千穂・渡辺信二 [編著]

松柏社

はじめに

「政治」について考えよう。

そう呼びかけられた時に、「ぜひ、喜んで！」と答える人はどれだけいるでしょうか。

テレビをつけると、自らのエゴを振りかざす政治家ばかり。

有権者はどこにいったの？　政策や政治理念って？　そんなクエスチョン・マークばかりが頭に浮かぶ人も多いのではないでしょうか。

「政治」なんて、私たちの生活には何も関係のない、どこか遠くで、大人たちが勝手にやっていること──。そんな風に思わせるような状況が、今の日本を覆っているのかもしれません。

「社会」を変えること。

そんなこと、本当にできるのか。そもそも、何を変えたいのかもはっきりしないし、一人ひとりの力なんて限られている。そう思わせてしまうような現実が、私たちを取り巻いているのも事実かもしれません。

でも、そんな絶望すら感じる今だからこそ、私たちの力が試されているとも言えます。

真実を見極めること。理解すること。何を大切にしたいのか、自分で決めること。

そうは言っても、あまりに手がかりが少ない、と思うでしょうか。新聞やテレビ、ネットにあふれる情報は、どれも同じようなものばかり。そして、ちょっと前まで、「これが重要課題だ」と言われたことが、もう次の瞬間には別なものに取って代わられているのに、誰もそのことは取り上げない。メディアには期待できない、という声も少なくありません。

でも、こうした状況にあるからこそ、「自分たち自身のこと」として、社会について、政治について、考えてみる時なのではないかと思うのです。私たちを「代表」してくれるはずの、国会議員と呼ばれる人たちへの信頼が揺らぐ中で、それでも私たちは、私たちの自由と平和が守られ、誰もが対等に扱われる中で生活を営むことができ、あらゆる人たちの声がきちんと聞き入れられるような社会をつくらなくてはいけない。実は心の中では、誰もがそう思っているのではないでしょうか。

本書は「政治参加」を声高に呼びかけるものではありません。ふと立ち止まって、そもそも、「政治」とは何のためにあるのか、誰のためにあるのか、そして、「社会」は変えることができるのか──こうした根源的な問いに、日常の中から自分なりの答えを探すためのヒントを伝えたいのです。

「政治」について考え、「社会」について考えるとき、「主体的な市民であること」を意味する「シティズンシップ」という言葉がキーワードになります。主体的であること、能動的であること、の具体的な意味や意義はどこにあるのか。日本に限らず、またいわゆる狭い意味での「政治」の領域に限らず、あらゆる社会、そしてあらゆる分野において、示唆を与えてくれる出来事や思想が

あります。

　とりわけ、若者と呼ばれるみなさんに、伝えたいこと、知ってほしいことを、フェリス女学院大学の教員有志がここに集めました。

　大学という自由な空間から、本書を通してより多くのみなさんに私たちのメッセージがつながっていきますように。

編者を代表して

小ヶ谷 千穂

目　次

はじめに ……………………………………………………………………………… i

小ヶ谷 千穂

序　論　シティズンシップ教育の立脚点 …………………………… 3

島村 輝・小ヶ谷 千穂

第1章　私たちの私たちによる私たちのための政治 ………… 22

常岡（乗本）せつ子

第2章　頼りにならない日本の裁判所 ……………………………… 36

荒井 真

第3章　人権問題としてのカルトそしてマインド・コントロール
…………………………………………………………………… 59

渡辺 浪二

第4章　歴史をつくる若者たち：
近現代社会における学生というエージェント ……………… 72

梅﨑 透

第5章　第二の誕生と公共空間：
なくてはならない他者の存在 ……………………………… 85

矢野 久美子

第6章　「ブラック社会」を生き抜く知恵：
『蟹工船』10 の名文句 ……………………………… 97

島村 輝

第 7 章　**近代民主主義と市民：**
　　　　日米文化比較の観点から ……………………… 110
　　　　　　　　　　　　　　　　　　　　渡辺 信二

第 8 章　**ベートーヴェンとショパン、自由への行程**…………126
　　　　　　　　　　　　　　　　　　　　堀 由紀子

第 9 章　**女性の身体をめぐる闘い：**
　　　　ワイマール共和国時代ドイツ、妊娠中絶禁止法と女性たち
　　　　………………………………………………140
　　　　　　　　　　　　　　　　　　　　田丸 理砂

第 10 章　**ピープル・パワーとスチューデント・パワー：**
　　　　路上とキャンパスから政治が変わる ………………153
　　　　　　　　　　　　　　　　　　　　小ヶ谷 千穂

第 11 章　**女性の「性」が大切にされる社会にするには：**
　　　　日本軍「慰安婦」問題と性教育 ……………………164
　　　　　　　　　　　　　　　　　　　　井上 惠美子

第 12 章　**For Others「他者のために」の精神を** ……………176
　　　　　　　　　　　　　　　　　　　　湯浅 佳子

あとがきにかえて
　教員提案型授業「若者が変える社会：
　フェリスのシティズンシップ教育」ができるまで ……………189
　　　　　　　　　　　　　　　　小ヶ谷 千穂・渡辺 信二

少しだけ「政治」を考えよう！
若者が変える社会

Let's Think a Little about Politics:
Changing Society through the Youth

序 論

シティズンシップ教育の立脚点

島村 輝・小ヶ谷 千穂

「シティズンシップ教育」は何を目指すか

　本書がテーマとするところは「シティズンシップ教育」である。「シティズンシップ」という音訳で示された、英語の citizenship には、一般的、辞書的には、「市民としての身分、市民権、公民権」という訳語が与えられている。具体的事例としては gain citizenship「市民権を得る」、Japanese citizenship「日本国籍」というように、「帰属する国家の国民たる資格」という、制度上の用語として使われる。

　ところが citizenship education を「市民権［国籍］教育」と訳しても、その内容がどういうものかは判然としない。ここでは「市民権」「国民たる要件」がしっかりとしたものとして獲得されるにあたって必要な「教育」ということが問われているのだと解しなければならないだろう。「市民」「国民」たる「個人」、すなわち「公民」ともいうべき主体を形作るための「教育」ということである。

　ある辞書には、このことについてのもう少し突っ込んだ説明が与えられている。

　　〔シティズンシップ教育〕　市民としての資質・能力を育成するための教育。他人を尊重すること、個人の権利と責任、人

種・文化の多様性の価値など、社会の中で円滑な人間関係を
維持するために必要な能力を身につけさせる。

(小学館『デジタル大辞泉』)

　これは本書で扱おうとする「シティズンシップ」とその「教育」
についての、まずは適切な説明となっているといえるだろう。「市
民としての資質・能力」を育成するための「教育」ということは、
社会と個人との関係、他者と自己との関わり合いを円滑に維持し、
発展させるための、基本となるべき要点であろう。このことは、
キリスト教に基づき「For Others」(他者のために)という教育
理念を掲げるフェリス女学院の一翼を担い、専門的な学問・芸術
の研究と教育によって「真理と平和を愛し、人類の福祉に寄与す
る人物を養成することを目的とする」(フェリス女学院大学学則
第1条)本大学の教育内容としても、まことにふさわしいもの
である。本書の元となった授業では、「シティズンシップ」を「社
会の構成員として自らの権利を行使し、能動的・主体的に社会に
働きかける市民であること」と定義した。

　このような観点に立つならば、およそ人が社会的な存在、「公
民」である限りにおいて、「シティズンシップ教育」については「素
人」であるから、それと無縁であってもよいといった考えは成り
立たないということも、容易に感得されるところだろう。「シティ
ズンシップ教育」とは、人が社会の中で生きていくための、また
社会が人のつながりの表れとして円滑に動いていくための、必須
の条件なのである。

国民と国家との関係：立憲主義と日本国憲法

「市民」「国民」たる個人としての「公民」と対になる概念は、主要には何であると考えられるだろうか。人と人のつながりが作り出す社会には、さまざまなレベルが考えられる。家族、地域社会、国家、ひいては世界といった拡がりが思い浮かぶが、「市民権」「国民たる要件」という意味での「シティズンシップ」に最も深く関係づけられるのは「国家」であろう。もちろん「国民」ということばが指し示す内容は、「日本国籍を有する者」というだけにはとどまらない。国家や地方公共団体の意思決定、権力の執行に携わることができるかどうかという点に関していえば、場合によってさまざまな制約をこうむることがあるのは致し方ないとしても、この国に暮らす人々に対して、ときの国家権力が恣意的に振る舞い、そのために彼／彼女らの基本的な人権を虐げることは許されてはならないはずだ。最高裁判所の判例でも「憲法第三章の諸規定による基本的人権の保障は、権利の性質上日本国民のみをその対象としていると解されるものを除き、我が国に在留する外国人に対しても等しく及ぶものと解すべき」（1978 年 10 月 4 日、「マクリーン事件」判決）とされている。

歴史上さまざまな時期に、さまざまな場所で、ときの権力が横暴に振る舞い、人々の権利を抑圧したり、戦争に導いたりした事態は、枚挙にいとまがないほどある。そのような権力の恣意的で横暴な態度を許さないための歯止めとしてあるのが、憲法である。それは現行の日本国憲法のように明文化されているものもあれば、イギリスにおけるように、歴史的に蓄積されてきた憲法的文言の集積という性質のものもある。いずれにせよ、それらは権力の恣意的な運用を許さないという、国家に対する国民の縛りの表現な

のである。逆にいえば、権力の恣意的な運用に歯止めがかけられないような文言は、たとい「憲法」という名がついていたとしても、ここでいう本来の憲法とは性質を異にする、似非「憲法」であるということができる。

「憲法を守るべき義務があるのは誰か？」という質問に対する正解は「国家（権力）」なのであり、そのような原理を立憲主義という。立憲主義の原理の下にあっては、憲法は国民が国家権力の横暴により、基本的人権を損なわれないための砦となる。憲法の規定がある限り、国家権力はその規定に従わざるを得ないはずであり、国民は憲法を盾にとって、国家権力の横暴を批判し、場合によってはその権力を交代させることもできる。それが立憲主義というものなのだ。

日本国というこの国を、国として成り立たせている基本にあるのが現行日本国憲法であり、その日本国憲法はこの立憲主義を当然の前提としている。そうであるとするなら、この国にあっては、憲法の定めによって、国家権力が恣意的で横暴な振る舞いをすることがあってはならないということになる。

ところが現実を見るならば、例えばここ五年間ほどの安倍政権の下で決められたさまざまな法律や政策をかえりみるだけでも、その内容も、またその決定のプロセスも、立憲主義の原則から逸脱しているとみられるものが多々あることは明らかであろう。立憲主義の原理は、それだけでは確乎たる現実的なものとしてあるわけではないということだ。立憲主義は、絶えずその実質化の努力が欠かせないものなのである。国家と国民との絶えざる緊張関係の中にあって、立憲主義の原理を実質化するためには、「市民」「国民」たる個人が確乎たる「公民」としての自覚を持ち、権力に対してその恣意的な運用を戒めていくという姿勢が不可欠であ

る。そこに、立憲主義の原理と「シティズンシップ＝公民力」との、まことに重要な関係が見出されることになる。

2006年第一次安倍内閣によって変えられる前の、1947年3月31日に施行された「教育基本法」は、その前文と第1条で、以下のように謳っている。

　　われらは、さきに、日本国憲法を確定し、民主的で文化的な国家を建設して、世界の平和と人類の福祉に貢献しようとする決意を示した。この理想の実現は、根本において教育の力にまつべきものである。

　　われらは、個人の尊厳を重んじ、真理と平和を希求する人間の育成を期するとともに、普遍的にしてしかも個性ゆたかな文化の創造をめざす教育を普及徹底しなければならない。

　　ここに、日本国憲法の精神に則り、教育の目的を明示して、新しい日本の教育の基本を確立するため、この法律を制定する。

第1条（教育の目的）　教育は、人格の完成をめざし、平和的な国家及び社会の形成者として、真理と正義を愛し、個人の価値をたつとび、勤労と責任を重んじ、自主的精神に充ちた心身ともに健康な国民の育成を期して行われなければならない。

この文言は、まさに「シティズンシップ教育」の原点を語っており、さらにいえばこうした意味での「シティズンシップ教育」こそ、日本国憲法の理念の下で行われる教育の基本的目的であることを示しているといっても過言ではないと思われるのである。

日本国憲法の理念：犠牲を払って獲得した普遍の原理

　それでは、こうした立憲主義の原理を前提とする日本国憲法は、その基本理念をどのように規定しているであろうか。ここで改めて、憲法の前文や条文をたどってみたいと思う。次に掲げるのは、日本国憲法の前文の一部である。

　　日本国民は、正当に選挙された国会における代表者を通じて行動し、われらとわれらの子孫のために、諸国民との協和による成果と、わが国全土にわたつて自由のもたらす恵沢を確保し、政府の行為によつて再び戦争の惨禍が起ることのないやうにすることを決意し、ここに主権が国民に存することを宣言し、この憲法を確定する。そもそも国政は、国民の厳粛な信託によるものであつて、その権威は国民に由来し、その権力は国民の代表者がこれを行使し、その福利は国民がこれを享受する。これは人類普遍の原理であり、この憲法は、かかる原理に基くものである。われらは、これに反する一切の憲法、法令及び詔勅を排除する。

　「そもそも国政は、国民の厳粛な信託によるものであつて、その権威は国民に由来し、その権力は国民の代表者がこれを行使し、その福利は国民がこれを享受する」という、この文言こそ、国民主権の原理を端的に表現したものに他ならない。さらに「国政」は本来の主権者である国民から信託された「正当に選挙された」「国民の代表者」が行使することが示され、それは「人類普遍の原理」であるとしている。国民主権というこの立場が「人類普遍の原理」であるということが歴史的前提となっている以上、この

点に関してだけでも（そしてそれが最も重要な点でもあるのだが）「押しつけ憲法」論に道理がないことは明白であろう。

　このような国民主権の立場に立つことが、「政府の行為によって戦争の惨禍が」起こったという、直近の歴史的事態への深い反省の上に選択されたものであることもまた、この前文の文言から読み取れるところだ。そのような切実な歴史的経験に基づいているからこそ、この原理に反する「一切の憲法、法令及び詔勅を排除する」という、強い戒めが続くのである。

日本国憲法の三原則：1 国民主権

　先に引用した日本国憲法前文には「ここに主権が国民に存することを宣言し、この憲法を確定する」との一節がある。なぜこの文言が必要だったのかといえば、無論それ以前の「大日本帝国憲法」の下では、天皇が絶対的な主権者だったからである。「大日本帝国憲法」は、その主権者である天皇によって制定された「欽定憲法」という性質を持っていた。そのため、日本国憲法がその改正として制定されるためには、「新生日本国においては、主権者は国民である」ということを宣言し、天皇から主権者の地位を取り去ると同時に、その主権者たる資格において、国民が「この憲法を確定する」必要があったのである。

　このことは、国家と国民との間の関係をどう考えるかについての、最も基本的といえる問題を提示している。「国家の利益が、国民の福祉に優先する」という「国家主義」の立場をとるか、「国民の福祉が、国家の利益に優先する」という立憲主義の立場をとるか、その基準がここにあるといえるからである。国家の機構と国民とは「お上」と「下々」の関係ではなく、国政は主権者たる

国民が、その代表者に信託したものであり、その福利は国民が享受するものという関係になっているというのだ。

これと関連して、日本国憲法第15条には「公務員を選定し、及びこれを罷免することは、国民固有の権利である」、同2項には「すべて公務員は、全体の奉仕者であつて、一部の奉仕者ではない」という記述があり、さらに公権力の担当者としての「天皇又は摂政及び国務大臣、国会議員、裁判官その他の公務員は、この憲法を尊重し擁護する義務を負ふ」という憲法擁護の義務規定が続く。

このように「国民主権」が重ねて強調されるのは、現実の事態として、権力を国民から信託されたにすぎないにもかかわらず、国家権力の座に座る者が、あたかも国民の主人であるかのように振る舞う事態が、それまでの歴史上にもたびたび見られ、その後も発生することが懸念されたからである。そしてこれほど強調して記されていてもなお、この憲法の下にある我が国で、「国民主権」の原理を侵しても恬として恥じない政権が成立してきたというのが現実といえるだろう。そのことによって、「国民主権」のみならず「基本的人権の尊重」「平和主義（戦争放棄）」という日本国憲法の三原則すべてが、侵害の危機に瀕する事態を招く結果となっている。まさにこの点において、「主権者」たる「国民」の、「公民」としての力が試されているというべきであろう。

日本国憲法の三原則：2 基本的人権の尊重

日本国憲法第3章には、基本的人権についての多くの条文が含まれている。中でもその眼目というべきは第13条であろう。その文言は次のようになっている。

第13条　すべて国民は、個人として尊重される。生命、自由及び幸福追求に対する国民の権利については、公共の福祉に反しない限り、立法その他の国政の上で、最大の尊重を必要とする。

　これを見れば、日本国憲法が規定する「国民」とは、集合的・抽象的なものではなく、「個人」つまり一人ひとりの具体的な人間だということがわかる。「個人」としての、一人ひとりの具体的な人間の、生命、自由、幸福追求に対する権利こそ、国政上最大の尊重を必要とするというのが、この条文の意味し、指し示すところだ。つまり一人ひとりの具体的な「個人」である「国民」は、この憲法の示すところにより、その生命、自由、幸福追求に対する権利の尊重を、国に対して要求する権利がある、というのである。「下々の者は、お上のご意向に逆らうべからず」という考え方の、これは対極にある発想だ。
　しかしこれもまた、現実を見るならば、この文言の示す方向におよそ反するような事態は枚挙にいとまがない。近くは3・11後の東京電力福島第一原発事故後、それまでの生活の場を奪われる形で避難生活を余儀なくされている多くの人たちがいる。沖縄では米軍基地の存続と拡大により、生命や生活が圧迫されている人たちがいる。しっかりと目を見開いて見れば、「最大限の尊重」をもって扱われるべき国民の基本的人権が損なわれている出来事が、あらゆるところで発生していることがわかるはずである。
　もちろん一足飛びに、すべての基本的人権が満足すべき水準で尊重されるというような状態が実現するというわけにはいかない。しかし政治権力が、国民の人権を蹂躙してはばからないというよ

うな状態を、当たり前のものとして容認するのでは、その点でも
また主権者たる「国民」がその「シティズンシップ＝公民力」を
発揮し得ているとはいえないのである。

日本国憲法の三原則：3 平和主義（戦争放棄）

　日本国憲法の精髄ともいえるのが、平和主義と、そのための戦
争放棄を明確に規定している第9条である。

　　第9条　日本国民は、正義と秩序を基調とする国際平和を
　　誠実に希求し、国権の発動たる戦争と、武力による威嚇又は
　　武力の行使は、国際紛争を解決する手段としては、永久にこ
　　れを放棄する。
　　2　前項の目的を達するため、陸海空軍その他の戦力は、こ
　　れを保持しない。国の交戦権は、これを認めない。

　戦争放棄と戦力の不保持こそ、前出第13条に規定する最大の
基本的人権というべき生存権の最も説得力を持つ保障となり、さ
らに前文の規定する「恒久の平和」の指向を、最も確実に担保す
る道であるといえる。以下に前文の一部を掲げておく。

　　日本国民は、恒久の平和を念願し、人間相互の関係を支配す
　　る崇高な理想を深く自覚するのであつて、平和を愛する諸国
　　民の公正と信義に信頼して、われらの安全と生存を保持しよ
　　うと決意した。われらは、平和を維持し、専制と隷従、圧迫
　　と偏狭を地上から永遠に除去しようと努めてゐる国際社会に
　　おいて、名誉ある地位を占めたいと思ふ。われらは、全世界

の国民が、ひとしく恐怖と欠乏から免かれ、平和のうちに生存する権利を有することを確認する。

　2012年に成立した、自民党・公明党を中心とする連立による第二次安倍晋三内閣は、これまでに「秘密保護法」制定、「集団的自衛権」容認、「安保法制」制定、「共謀罪」制定など、国民の間に強い疑念や批判をもたらす法律や政策を、相次いで強行的に決定してきた。これらの法律や政策そのもの、およびその制定過程は「国民主権」「基本的人権の尊重」「平和主義（戦争放棄）」という日本国憲法の三つの原則を、事実上蹂躙するような性質を持ち、違憲であることが強く疑われるものである。
　こうした事実上の改憲策動の延長線上に、現政権が日本国憲法の核心にある第9条の明文改憲を企てていることは、直面する問題としてきわめて重大である。いかに口実を設けようとも、自衛隊の存在を公認し、その解釈までをも条文に盛り込むことは、単に現状の追認にはとどまらず、現行第9条の示す「戦力の不保持」「交戦権否認」を完全に否定することになる。このような方向での明文改憲が、日本国憲法の理念そのものと相容れないことは明白であるといえる。

「最高法規」としての日本国憲法：その普遍性と国民の努力義務

　日本国憲法は、立憲主義の原理に基づいて、この憲法が「最高法規」であることを明確に規定している。前文には「（国民主権は）人類普遍の原理であり、この憲法は、かかる原理に基くものである。われらは、これに反する一切の憲法、法令及び詔勅を排除する」とあり、さらに条文としても、

第98条　この憲法は、国の最高法規であつて、その条規に反する法律、命令、詔勅及び国務に関するその他の行為の全部又は一部は、その効力を有しない。

と規定する。それに先立つて、第97条には、念を押すように次のようにも記されているのである。

第97条　この憲法が日本国民に保障する基本的人権は、人類の多年にわたる自由獲得の努力の成果であつて、これらの権利は、過去幾多の試錬に堪へ、現在及び将来の国民に対し、侵すことのできない永久の権利として信託されたものである。

このように明確に記されているにもかかわらず、この間の現政権のやり方からすれば、国民の間にどれほど疑念や反対の声が高まろうとも、国会における「数の力」と、さまざまな形での言論への規制などによって、安易な改憲を戒めるさまざまな歯止めを無視し、骨抜きにして、一路、日本国憲法の原理原則に反する「改悪」への道を突き進むかもしれないという予想は、容易につくところである。いかに高らかに、国民主権に基づく人権擁護と平和への道筋を掲げていようと、それがただ文言としてあるだけでは「絵に描いた餅」といわれるような事態が、現実に起こってしまうのである。

日本国憲法には、そうした事態を予測しているかのように、主権者たる国民の努力すべき心構えを、次のように規定している。

第12条　この憲法が国民に保障する自由及び権利は、国民

の不断の努力によつて、これを保持しなければならない。又、国民は、これを濫用してはならないのであつて、常に公共の福祉のためにこれを利用する責任を負ふ。

　国民が、主権者としての「国民」としてふさわしい「シティズンシップ＝公民力」を発揮すべきこと、その決定的な必要性が、ここに示されているというべきであろう。

立憲主義が要請する「シティズンシップ教育」の役割と意義

　フェリス女学院大学は「文学部」「国際交流学部」「音楽学部」と大学院から構成され、「人文・社会的知」の総合的領域を、その研究・教育の分野としている。そのような本学における「シティズンシップ教育」を支える「人文・社会的知」と、本稿でこれまで論じてきた「憲法」、「政治」との性質の特徴を、「ことばの力」と「暴力」との関係で端的に説明するとすれば、「人文・社会的知」は「ことばの力」のみを拠り所にして「暴力」を拒否し、「憲法」は「ことばの力」を信じて「暴力」を限定し、「政治」は「暴力」の隠れ蓑として「ことばの力」を弄ぶ、ということができるだろう。今、拠り所にすべきは、もちろん「ことばの力」だ。

　その意味において、たとい人文社会系の専門的学者でなくとも、「政治」の「暴力」性を原理的に拒否しようと思えば、法律家であろうが、政治家であろうが、「人文・社会的知」の立場に立たざるを得なくなる。筆者の専門分野である文学研究の領域に引き付けていえば、永く議論の対象になってきた「『政治』と『文学』」の関係の問題もまた、今「ことばの力」という補助線を媒介にすることで、実際的な問題として再浮上する。

秘密保護法、戦争法、共謀罪制定等の審議を通じて、現政権が、「ことばの力」を完全に否定し、そのことで「憲法」の原理たる立憲主義を全面的に蹂躙し、その論理的帰結としてあからさまな反知性・反論理の「暴力」の立場に立っているということは、誰の目にもはっきりした。彼らには「強行採決」という「暴力」しかないのだ。その先には、さらなる、あからさまな「暴力」の支配が待ち構えていることだろう。

「暴力」が「ことばの力」に勝ち、理不尽がまかり通る事態がいっときは発生し、後世になって歴史的に反省されることは多々あった。しかし安倍政権下の一連の事態は、その理不尽が、その場で誰の目にも明白になっているという特徴を持つ。「後世の反省」を俟つまでもなく、この理不尽を通させない条件は出来上がりつつある。

今現実に進行しているのは、「ことばの力」と「暴力」に関わる根本的な問題が問われる、crisis（＝危機）そのものといえる。この critical（＝危機的）な局面に当って、criticism（＝批判的学問）に携わる者、critic（＝批評家）たらんとする者は、黙って見過ごすことなどできないはずだ。そこでは「人文・社会的知」は「政治」そのものなのだ。その焦点に「憲法」がある。

人間を人間たらしめているものが「ことば」であることを信頼し、「シティズンシップ＝公民力」をすべての人が自らのものとすること、「ことばの力」を蔑ろにする者を拒否すること。これこそ「シティズンシップ教育」の立脚点であり、究極的に目指すところなのである。

（以上、島村）

以下、本書に収録した各論の内容を要約して紹介する。

第1章 「私たちの私たちによる私たちのための政治」常岡（乗本）せつ子（憲法学）

　政治は、私たちの生命や日常の幸福な暮らしを大きく左右するものである。政治に無関心でいると、自分の幸福な暮らしや生命までもが、いつの間にか壊されることになる。日本国憲法が定める国民主権の原則を具体的な行動に移していくことがいま、求められている。安保法制や憲法改正論が渦巻く中、憲法に従った政治を行うことを公権力の担当者に求めること、選挙権を自覚的に行使することこそが、私たちの幸福な暮らしや生命を守っていくことにほかならない。

第2章 「頼りにならない日本の裁判所」荒井 真（比較法学）

　日本においては、司法および裁判官の存在感はアメリカと比べてきわめて低いといわれている。アメリカのそれは、最高裁事務総局によって強固にコントロールされた裁判官の人事構造に支えられている。ドイツでは裁判官の独立性が確実に保障され、市民活動の自由もある。政府の暴走を日常的に止められるという意味で司法の果たす役割は大きく、立法と行政の一体化が生まれやすい日本において、あるべき司法の姿が実現されるような制度改革が望まれている。

第3章 「人権問題としてのカルトそしてマインド・コントロール」渡辺 浪二（心理学）

　大学生をターゲットにしたカルト集団による勧誘は後を絶たない。マインド・コントロールを用いる集団は、基本的人権を脅かす方法で勧誘を行い、高額な物品を売り、個人の人生を危うくする。それは自由な意思決定ができる個人の尊厳を奪い、自由や人

権を侵害することを意味している。アイデンティティの確立が個人にとって最も重要な青年期においてカルトとマインド・コントロールの問題は、大学にとっての責任でもある。「自らを守る」ものとしての「知識」の重要性が、ここでも強調される。

第4章 「歴史をつくる若者たち：近現代社会における学生というエージェント」梅﨑 透（アメリカ史）

　1960年代末のアメリカで起こったコロンビア大学とニューヨーク市立大学での二つの学生運動は、当時の植民地解放運動や反人種主義の課題を自らの問題として引き受けながら展開され、社会に大きなインパクトをもたらした。当時の学生たちの「民衆の歌」は、社会を変化させるエージェント（行為主体）としての「学生」の存在と、その可能性を今日にも伝えている。

第5章 「第二の誕生と公共空間：なくてはならない他者の存在」矢野 久美子（思想史）

　カントは「知恵を使う勇気を持たない」ことを「未成年状態」と言った。人間は「よそ者」であり「新参者」としてこの世界にあらわれ、そして言葉と行為によって他者と共有する世界＝公共空間に入っていくことを「第二の誕生」と呼んだのは、ユダヤ人政治哲学者、ハンナ・アーレントであった。若者が新しい市民として自覚的に行為するとき、その若者は新しく誕生しているといえるのだ。人間の複数性に根差した「公共（public）」の思想は、個人と社会の関係としての「シティズンシップ」への問いに私たちを誘ってくれる。

第6章　「『ブラック社会』を生き抜く知恵：『蟹工船』10の名文句」 島村 輝（日本文学）

　東日本大震災と福島第一原発事故を契機として、近代産業社会の矛盾がさまざまな形で噴出している。小林多喜二の代表作・小説『蟹工船』は、国家と資本によって搾取され、さらにその搾取を隠ぺいされながらも決してあきらめない労働者の姿を、現代においても浮かび上がらせる。過労死やブラック・バイトが横行する今日の「ブラック社会」の成り立ちと、そこを生き抜く知恵の在り処を、多喜二は教えてくれる。

第7章　「近代民主主義と市民：日米文化比較の観点から」渡辺 信二（米文学）

　フェリス女学院大学は、キリスト教に基づくリベラル・アーツ教育を標榜するミッション系大学である。リベラル・アーツとは、東西の英知の蓄積の中で培われてきた「自由人＝市民のための科目、業、技芸」である。暴走するテクノロジーと資本主義に警鐘を鳴らす人文学への信頼は、欧米において今なお厚いものの、日本においては逆行しているようにも見える。それぞれがそれぞれの責任において自己探求を行うように促す、「市民になるための学問」こそが、今求められている。

第8章　「ベートーヴェンとショパン、自由への行程」堀 由紀子（ピアノ演奏）

　垣根が高い、わかりにくい、といわれがちなクラシック音楽。その代表的な作曲家であるベートーヴェンとショパンは、共に「あたりまえの自由」を奪われ、絶望感に苛まれながらも曲を作り続けた。その作品には自由のイデーが濃厚に浮かび上がる。解説を

交えた演奏によって彼らの思考の過程を再現し、人間の精神の高みが時代や国境を越えて共有されることの素晴らしさを語る。

第9章 「女性の身体をめぐる闘い：ワイマール共和国時代ドイツ、妊娠中絶禁止法と女性たち」田丸 理砂（ドイツ文学）

女性の身体はそもそも誰のものか。私たちが自明のものとして受け入れている「生命」や「胎児」のイメージは、歴史的に作られたものである。ドイツにおける妊娠中絶禁止法は、「国民を産む母」として公のものとされた女性の身体への国家のさらなる管理を体現している。この法律に対するワイマール共和国時代の女性たちからの異議申し立てには、「産む性」にしばりつけられることを高らかに拒否する彼女たちの強い意志が読み取れる。

第10章 「ピープル・パワーとスチューデント・パワー：路上とキャンパスから政治が変わる」小ヶ谷 千穂（社会学）

2010年代に入ってまた、東アジアの若者たちが政治に対して声を上げ、立ち上がりはじめている。植民地支配への抵抗の歴史から、「ピープル・パワー」革命を実現させたフィリピン社会における「ラリー文化」が私たちに教えてくれるものとは何か。それは、身近な「怒り」や「不満」に対して声を上げること、問題を「見て見ぬふり」をしないことの大切さ、そして共に立ち上がる仲間との連帯の中に生まれる「一体感」や「楽しさ」なのではないだろうか。

第11章 「女性の『性』が大切にされる社会にするには：日本軍『慰安婦』問題と性教育」井上 恵美子（ジェンダー論）

近代国家が広範囲の戦地の兵士のために大量の女性の性奴隷化

を、政策として組織的に実施した世界で唯一の形ともいえる日本軍「慰安婦」問題。日本政府、そして日本社会はその過去を反省するどころか、女性の「性」をめぐる差別的な発言は後を絶たない。性教育バッシングの中で豊かな「性」のあり方について学ぶ機会を狭められる社会にあって、個人の尊厳と、その人らしく生きる権利の重要性が増している。

第 12 章 「For Others『他者のために』の精神を」湯浅 佳子（文学部国際文化学科卒業生）

　フェリス生が立ち上げた団体 SHANTI は、「原爆の像」のモデルとされる佐々木禎子さんの物語を絵本『さだ子と千羽づる』として、自分たちの手で制作した。試行錯誤の中で 1994 年に出来上がった絵本は、その後朝鮮語、英語にも翻訳され、日本の侵略戦争の加害も含めて戦争の真実を伝えるものとして、多くの人たちに読まれた。卒業後、子育ての中で福島第一原発の事故に直面し、再び、「子どもたちに戦争をさせない」ために立ち上がった卒業生、湯浅佳子さんの道のりとその思いは、フェリス女学院の「For Others」の精神と、「社会を変えるために、今できることから行動する」ことの意味を教えてくれる。

（以上、小ヶ谷）

（しまむら・てる）
（おがや・ちほ）

第 1 章
私たちの私たちによる私たちのための政治

常岡（乗本）せつ子

はじめに

ここでは、憲法学の立場から、政治的意思決定を主体的に行うために、つまりシティズンシップを身につけるために必要な知識やとるべき態度・姿勢について話をしたいと思う。「政治的な意思決定を行う」と言うと、難しそうに聞こえるかもしれない。「私にそんなことができるのかしら」とか「難しいことは、よくわからないから、政治は政治家に任せておけばいいんじゃないの」と言う人もいるかもしれない。あるいは、「私一人が頑張っても、政治なんて変わることはないんじゃないの」と、むなしく聞こえるかもしれない。しかし、政治家に政治を任せきりにすると、私たちの生活が破壊され、場合によっては生命を失うことにもつながることを知っておかねばならない。

私たちはなぜ政治に無関心であってはいけないのか：安保関連法制を事例として

2015 年からとくに大きな問題として取り上げられてきたものに安保関連法制の問題がある。みなさんも、安保関連法制反対の集会やデモを繰り返し行ってきたシールズという学生の団体や子

どもをもつお母さんたちの団体（ママの会）について、聞いたことがあることと思う。

　安倍首相は、実は当初憲法改正の手続きを定める憲法第96条自体を改正しようとしていた。具体的には、憲法第96条の中の衆議院と参議院のそれぞれの総議員の三分の二が賛成しなければ国会が憲法改正を発議できないという規定を変えて、衆議院と参議院のそれぞれの総議員の過半数が賛成すれば国会が憲法改正を発議できるようにしようとした。つまり、憲法改正をやりやすくした上で、第9条や憲法前文の平和主義にかかわる部分を改正しようしていたのである。だが、安倍首相のこうしたやり方に対しては、憲法改正に反対する人々ばかりでなく、憲法改正に賛成する人々の中からも「姑息な手段である」という批判が出た。

　そこで首相が、憲法改正に正面から取り組むことを一旦棚上げにして考えたことは、憲法第9条の解釈の変更、つまり集団的自衛権の行使ができるようにする解釈改憲だった。従来何十年もの間、政府は「個別的自衛権の行使は必要最小限度のものであれば、合憲だが、集団的自衛権の行使は『必要最小限度』に入らないので違憲」との立場をとってきた[1]。ところが、安倍首相は、2014年7月1日、「個別的自衛権の行使のみならず、集団的自衛権の行使も必要最小限度に入るものは合憲」というように、従来の政府解釈を180度変える閣議決定を行った[2]。それをもとに、10本の法案と1本の法案を一緒にして、安保関連法案として国会に提出し、衆議院と参議院で可決成立させた。

　世論調査で多くの国民が「まだ審議がつくされていない」と答えていることを知りながら、与党の自民党と公明党は、数の力で、2015年9月19日、安保関連法制を強行採決させ、2016年3月29日に施行した。朝日新聞社が2015年7月11日と12日に行っ

た全国世論調査[3]では、安保関連法案に「賛成」の人は26%、「反対」の人は56%だった。「賛成」とも「反対」とも意思表示できなかった約20%の人は「わからない」と回答した。つまり安保関連法案に反対の人と「わからない」と答えた人が、国民の76%もいたということになる。

　学生や子どもを育てているお母さんたち、様々な専門分野の研究者や市民の中で、これほどまでに安保関連法制に対して反対の声が上がったのはどうしてだろうか。それは、一言で言うと、安保関連法制は、私たち国民を否応なく戦争に巻き込んでいく法律だからである。集団的自衛権を容認すると、日本は日本を攻撃してもいない相手に対して武力行使をすることができるようになる。国が相手の場合は、日本が武力行使を先にすることによって、相手国は当然のことながら、日本に対して武力攻撃をしてくることになる。これまで自衛隊員の中には戦闘中に殺されたり負傷したりする人は一人もいなかったが、今後そのような状況になれば、自衛隊員の中に死傷者が出ることは間違いない。自衛隊は、現在志願制をとっているが、隊員のなり手が少なくなれば、徴兵制がとられる可能性もある。政府は、いまは「憲法第18条があるので、徴兵制はありえない」と言っているが、将来この憲法第18条を改正して徴兵制が敷かれることもありうる話である。みなさん自身も、みなさんの家族や将来の夫、生まれてくる子どもたちも、戦闘の中でいやでも人を殺し、殺されるようになる。いま私たちに問われているのは、「そういうことになってもいいのですか」ということなのである。

　また集団的自衛権を行使する相手が、仮に国ではなくISのようなテロ組織である場合には、日本国内でテロが起こる可能性が大きくなる。アメリカやイギリス、フランスやロシアなどは、軍

事力でテロ組織を壊滅させようとして空爆を行っているが、これらの国の中でその報復として、テロが頻発しているのは、みなさんも知っていることだろう。日本もテロ壊滅のための軍事行動に参加するようになると、それに対する報復として、日本国内でも、当然テロが起きる可能性が大きくなる。そうなると、何の罪もない赤ちゃんや子どもを含む大勢の人々が命を失うことになる。ここでも私たちに問われているのは、「そういうことになってもいいのですか」ということである。

このように、安保法制の問題一つとってみても、政治は、私たちの生命や日常の幸福な暮らしを大きく左右するものだということがわかる。政治に無関心でいると、自分の幸福な暮らしや生命までもが、いつの間にか壊されるかもしれない。それでは、私たちはどうしたらよいのだろうか。結論から先に言うと、私たちは、政治に主体的に取り組み、投票行動を行い、声を上げていかなければならない。日本国憲法は国民が政治の主人公となって、積極的に政治的な意思を表明すべきであるとする原則すなわち国民主権をとって、そのための具体的な方法を定めている。

私たちの私たちによる政治が私たちのための政治に必要な理由：国民主権

ここで言う「主権」とは国の政治を最終的に決定する最高の力ないし権威がどこにあるかということを意味する。したがって、国民主権とは、国の政治を最終的に決定する最高の力ないし権威が国民にあるということである[4]。日本国憲法が国民主権をとっていることは、2箇所にあらわれている。一つは、前文の中の「日本国民は、〔略〕ここに主権が国民に存することを宣言し、この

憲法を確定する。そもそも国政は、国民の厳粛な信託によるものであつて、その権威は国民に由来し、その権力は国民の代表者がこれを行使し、その福利は国民がこれを享受する。これは人類普遍の原理であり、この憲法は、かかる原理に基くものである」という部分、もう一つは第1条の「天皇は、日本国の象徴であり日本国民統合の象徴であつて、この地位は、主権の存する日本国民の総意に基く」という規定である。

　上に引いた前文の部分は、アメリカの第16代大統領であるエイブラハム・リンカーン（Abraham Lincoln）が、1863年にゲティスバーグで行った演説の中の有名な一節「人民の、人民による、人民のための政治（government of the people, by the people, for the people）を地上から絶滅させない」を想起させる。以下、国民主権の成立過程をリンカーンの言葉を用いて、できるだけわかりやすく説明してみたいと思う。

　まず、government for the people である。かつての君主による専制政治の下で、平民は、君主や貴族に無条件に従うべきだと考えられていた。君主の専制政治の下では、人間には生まれながら貴賤の差があるとする人間観が支配していた。したがって生まれの貴い人が支配者になり、平民たちを意のままに支配するのは当然で正しいことだと考えられていた。しかし、平民が「自分たちも人間として大切に扱われるべきではないか」という意識をもつようになると、そもそも、政治は君主が好き勝手に行ってよいものではなくて、国民一般の幸福に奉仕するものでなくてはならないという要求をだんだん強くもつようになった。ここから出てくるのが、government for the people の要求だった。

　次に、government by the people である。ここでは、政治を国民一般の幸福に資するようにするためには、どうしたらよいかが

問題になる。そこで君主や貴族など一部の特権身分だけが政治を独占していては、国民の幸福に奉仕するような政治は実現しないと考えるようになる。ここから出てくるのが government by the people の要求である。

　ところが、現に行われている君主制をやめさせて、government by the people に変えていくということは、決して容易なことではない。そこで、君主制を支える理論に対抗して、真に正しい政治は、国民による政治であることを基礎づける原理が示されなければならない。その原理が government of the people の原理である。

　このように、国民主権は「人民のための政治」（目的）から「人民による政治」（手段）、そして「人民の政治」（原理）へと整備されていった[5]。

私たちが政治に参加する方法とその問題点・課題

　日本国憲法の前文に「（日本国民は）正当に選挙された国会における代表者を通じて行動し」と書いてある部分がある。また第43条1項には「両議院（衆議院と参議院）は、全国民を代表する選挙された議員でこれを組織する」という規定がある。これらの部分を根拠にして、「日本国憲法は間接民主制をとっているのだから、国民が国の政治に直接口を出してはいけない」と主張する政治家がいる。

　しかし、日本国憲法が間接民主制をとっているのは、直接民主制がだめだからなのではなくて、日本で約1億人いると言われる有権者が、すべての法律の制定や改廃をし、すべての政策の決定などにその都度参加することは、事実上不可能だからである[6]。したがって、政治家は、自分たちを選んでくれた国民の意思に反

して好き勝手なことをしてよいのではなく、たとえば、人間であることのみに基づいて生まれながらに有している基本的人権に反するような政治を行った場合、国民はその政治家の政治責任を追及し、場合によっては、これをやめさせることができるのである。

ここで、国会が、果たして国民の声を反映したものになっているかどうかという観点から、二つの問題を取り上げてみたい。一つは、一票の格差がいまだに解消されておらず、都市部の有権者の一票の重みは、農村部の一票の重みの二分の一以下しかないということ、もう一つは、世論調査にあらわされた国民の支持政党の割合と、実際の国会の議席数において占める政党の議席数の割合との間には大きな齟齬があるということである。

最高裁判所は、これまで行われてきた国政選挙において、一票の格差があるために法の下の平等に反し、違憲状態であるとの判決を何度も下している[7]。しかし、しかるべき是正の措置が講じられずに今日に至っている。

次に、小選挙区制を採用していることによって、国会で大政党の過剰代表と大政党寄りの政治が行われている問題について見てみよう。2015年2月にNHKの行った世論調査[8]によると、有権者の支持政党は、小数点以下を四捨五入すると、自民党39％、民主党9％、公明党4％、共産党4％、維新の党3％、社民党1％、わからない・無回答8％となっている。これを国会の議席配分と照らし合わせてみると、現在、自民党の場合、国民の支持率は39％であるのに対して、衆議院では63％、参議院では50％の議席を占めている。

日本の場合、アメリカなどとは異なり、国民が直接政府の長を選ぶ大統領制ではなくて、議会の多数党の党首が政府の長になる議院内閣制をとっている。そのため、大政党が国会で過剰に代表

されているということは、すなわち大政党のメンバーを主たる構成員とする内閣がつくられて、その結果大政党寄りの政治が行われるということに繋がる。与党や大政党が国会で過剰に代表されているのは、とりわけ衆議院の場合を挙げると、480議席のうち小選挙区制で選出されるのは300名であるのに対して、比例代表制で選出される議員が180名と、圧倒的に小選挙区選出議員数が比例代表選出議員数よりも多くなっているためである。比例代表制を中心とした選挙制度に変えれば、大政党の過剰代表という問題は解決されるが、選挙制度の改正には、それに賛成する国会議員の数が国会で多数を占める必要があり、大政党が自分たちの不利になるような選挙制度の改正に賛成することは考えにくく、容易なことではない。

　こうした政治状況の中で、私たち国民主権の担い手がしなければならないことは、支持政党がないとしても、あるいはどの政党がよいかわからないとしても、安易に棄権せず、候補者や候補者の所属する政党の公約をよく見比べて、「こんな国になったら大変だ」と思う候補者や政党があれば、そうした候補者や政党を当選させないことである。これはいわゆる「消去法的選択」だが、そうすることによって、衆参両院の議席配分を変えて、これまでの政治を変えることは、決して不可能ではない。安保関連法制は、一旦は成立してしまったが、これからの私たちの政治行動で、安保関連法制廃止の法案が可決される道は残されている。

直接民主主義的政治参加

　日本国憲法は、先ほど述べたような理由で、原則的には間接民主制をとっているが、例外的に3つの場合に直接民主制を導入

している。第一は最高裁判所の裁判官の国民審査（第79条2項、3項）、第二は一つの地方公共団体のみに適用される特別法を制定する際に義務づけられている住民投票（第95条）、第三は憲法改正国民投票（第96条）である。

　ここでは、紙幅の関係もあるので、第三の憲法改正国民投票についてのみ触れておきたいと思う。

　国民投票（直接民主制）と聞くと、国家の意思決定に国民が直接参加することから、間接民主制より民主的なものだと思いがちである。しかし、国民投票は、政治的権力を握っている者によって悪用されることがあるのは歴史が示すとおりである。たとえば、フランスのナポレオン一世は、3度の国民投票を利用して独裁者の地位に上り詰めた[9]。フランス第三、第四共和政では、政治的権力を握っている者が自分たちの政治に都合のよいように利用する国民投票をプレビシットと呼んで、国民の声を正しく反映した国民投票であるレフェレンダムと区別していた[10]。

　これに対し、日本では、憲法改正国民投票は民主的だとして、手放しで賞賛する声が大きいように思われる。しかし、国民投票法（2007年5月14日に成立、同年5月18日に公布、2010年5月18日に施行）で定められている国民投票は、プレビシットとしての性質をもつと言わざるをえない。その理由としては、第一に、一定の投票率に達しない場合は無効とする「最低投票率」が導入されていない上に、有効投票の過半数が獲得できれば憲法を改正することができるため、場合によっては有権者の十数％しか賛成していないのに憲法が改正されてしまうおそれがあること、第二に、国民投票が国会によって発議されてから国民投票までの期間が「60日以降180日以内」とされていて、国民が憲法改正案を熟慮する時間が足りないこと、第三に憲法改正案に対す

る投票方式に関し、改正事項が複数の場合、一括して投票するのか、個別の事項ごとに投票するのかが不明であるため、国民の賛成を得やすい事項（たとえば環境権の導入）と、国民の賛成を得られそうもない事項（たとえば第9条の改正による国防軍の新設）とを一緒に国民投票にかけて、国民の賛成を得られそうもない事項の改正を実現させる可能性があることなどが指摘されている。

安倍首相は2016年3月2日、「私の（自民党総裁）任期中（2018年9月まで）に憲法改正を成し遂げたい」と発言した。憲法改正が必要だという発言はすでに何度もしているが、「任期中に」という具体的な時期を明らかにしたのは今回が初めてである。安倍首相が国民投票法に定める国民投票（プレビシット）を利用して、憲法改正をはかろうとしているのは明らかである。

それでは、私たち主権者たる国民は、どうしたらよいのだろうか。まず申し上げたいことは、私たちは、決して無力ではないということだ。安倍首相が「まずは国会で憲法改正の発議に必要な議席を確保することに全力を挙げる」と述べているように、憲法を改正するためには、衆議院と参議院のそれぞれで総議員の三分の二以上の賛成が必要である。現在、連立与党の自民・公明両党は衆議院の議席の76％（三分の二以上）を確保している。これに対し、参議院では、自民・公明両党の議席は、合わせて59％だ。これに、「おおさか維新の会」や「日本のこころを大切にする党」などの右派の小政党の議席を加えると、三分の二を超えるか超えないかというのが現状である。

毎日新聞が2016年1月に行った世論調査[11]では、憲法改正に反対した人は46％、賛成は40％だった。同年7月の参議院議員選挙では、安倍首相は、憲法改正を争点にあげるつもりだ。私たちは、為政者がこれからの日本を自由に戦争を行うことのでき

る国にするような憲法改正に反対するのであれば、仮にその政党を積極的に支持しているのではなくとも、ともかく憲法改正に反対している政党の候補者に票を投じ、憲法改正を推し進めようとしている候補者が衆参両院で三分の二以上にならないようにすることが必要である。2016年7月の参議院選挙で憲法改正派が三分の二を超え、一旦は国会が憲法改正を発議できる環境が整ってしまったが、私たちはそこで諦めてはならない。次の選挙で、先ほどお話しした「消去法的選択」によって、国会の議席配分を変えることができることを忘れてはならない。そうした国民一人ひとりの地道な行動の積み重ねが、国民の意思に基づいた国会と内閣をつくっていくことになる。

政治的表現の自由

自分の内心を何らかの手段で外部に公表する行為（これを表現行為と言う）がなぜ大切なのかということについては、いくつか理由があるが、その中で自己統治の価値ということが言われている[12]。それは、表現活動を通じて、国民が政治的意思決定をする際の判断の材料を提供するということである。「私たちの政治」をきちんと機能させるためには、私たち国民各人が自由に意見を表明し合い、自由に討論することが何よりも重要である。安保関連法制に反対する集会やデモ（動く集会）は、議会制民主主義に反する活動なのではなく、それを補完するものであり、憲法第21条によって手厚く保障されている表現の自由の表明なのである。こうした活動は、有権者でなくとも、未成年者でも行うことができる。したがって、学生団体のシールズや高校生の団体が起こした抗議行動は、憲法第21条で保障されている基本的人権

第 1 章　私たちの私たちによる私たちのための政治　33

に基づく活動なのである。

　国民が政治について自由に意思形成を行うためには、意思形成するために必要不可欠な情報が国民に提供されていなくてはならない。こうした情報の提供を求める権利を、「知る権利」と言う。政治に関する情報の多くは、中央政府や地方公共団体に集中している。したがって、マスメディアには、国民の知る権利に奉仕して、政府や地方公共団体から国民に必要な情報を得る自由（取材の自由）やこれを国民に伝達する自由（報道の自由）が憲法第 21 条で保障されている [13]。しかし現実には、日本のマスメディアの特徴は政府寄りの報道が行われているところにあると指摘されている。私たちはマスメディア以外のところからも必要な情報を得るよう努める必要がある。

おわりに

　2016 年の夏には、衆議院議員選挙が行われた。選挙権年齢が 18 歳に引き下げられたことから、この授業をとっているすべての人が選挙権をもつことになった。国民には、国会を構成する国会議員を選ぶことや、そのことを通して、間接的にではあるが、政府の長である内閣総理大臣を決める力がある。これは取りも直さず、みなさんには政治を変革させる力があるということを意味している。

　せっかく与えられた権利なのだから、これを無駄にすることなく、これからも自覚的に投票所に足を運んでもらいたい。また、先ほども言ったように、みなさんには集会やデモの自由が憲法第 21 条で保障されている。「議会制民主主義に反する」という政治家たちの声に屈することなく、憲法で保障されている基本的人権

を堂々と行使していただきたいと思う。

　公権力を手にした人々は、ともすると暴走して国民の個人の尊厳や表現の自由をはじめとする基本的人権を侵害しがちである。憲法は、公権力を握っている人々が自分勝手なことをしないように、国民がそれらの人々に課した制約である。憲法に従った政治を行うことを公権力の担当者に求めていくことこそが、私たちの幸福な暮らしや生命を守っていくことにほかならない。

（つねおか（のりもと）せつこ）

注

1　1954年の自衛隊創設から2014年7月1日の閣議決定まで、個別的自衛権の行使は合憲だが集団的自衛権の行使は違憲であるとする政府解釈が定説になっていたことについては、拙稿「日本国憲法の平和主義と戦後責任」日本平和学会編『平和研究』45号2-4頁参照。

2　拙稿「日本国憲法の平和主義と戦後責任」『平和研究』45号4-5頁。

3　朝日新聞2015年7月14日朝刊に掲載。

4　「主権」という概念は、一般に①国家権力そのもの、②国家権力の属性としての最高独立性、③国政についての最高の決定権、という3つの異なる意味に用いられるが、「国民主権」と言うときの「主権」は③の意味での「主権」である。芦部信喜（高橋和之補訂）『憲法　第6版』（2015年）39-40頁。

5　「人民の」ないし「権威の国民からの由来」を統治権の帰属、あるいは主権の正当性契機、「人民による」ないし「権力（統治者）の代表者による行使」を主権の権力的契機、「人民のための」ないし「福利の国民による享受」を統治活動の目標と捉えるものとして、渋谷秀樹『憲法第3版』（2017年）52頁参照。

6　浦部法穂『憲法学教室　第3版』（2016年）512頁。

7　たとえば2015年11月25日最高裁大法廷は、2014年12月に実施された衆院選挙について、「憲法に違反するものとはいえない」としつつ、「憲法の投票価値の平等の要求に反する状態であった」と判示した。

8　NHK放送文化研究所「政治意識月例調査」（2015年1月）Web.

9　拙稿「フランス第一帝制確立期における人民投票制度の構造」『法律時報』

55 巻 10 号 79-86 頁。

10　拙稿「直接民主制」杉原泰雄編『憲法学の基礎概念Ⅰ』143-162 頁。

11　毎日新聞 2016 年 2 月 1 日東京朝刊に掲載。

12　表現の自由を支える価値は、通常二つあると言われている。一つは自己実現の価値、もう一つは自己統治の価値である。芦部・前掲書 175 頁。

13　表現の自由の保障は、表現する側（送り手）の自由だけでなく、その受け手である国民の「知る権利」を当然に含み、「知る権利」の観点から報道の自由が帰結され、報道の自由はその前段階としての「取材の自由」を要請する。浦部・前掲書 198 頁以下参照。

第2章
頼りにならない日本の裁判所

荒井 真

強い権限をもつアメリカの裁判所

　2017年2月3日、アメリカ合衆国ワシントン州のシアトル連邦地方裁判所は、ドナルド・トランプ大統領が1月27日に署名した、イランやイラク、シリアなど7カ国からの入国を90日間禁じるなどとした大統領令の即時停止を命じる仮処分を決定した。それを不服とするトランプ政権は、第9連邦巡回区控訴裁判所（サンフランシスコ連邦控訴裁判所）に仮処分の取消を求めて上訴したが、2月9日に当裁判所は、地裁の決定は妥当だとして、トランプ側の訴えを退けた[1]。

　このように、アメリカでは三権の一角を担う司法権が行政権に対して、ノーという意思を明確に示したのであり、三権分立が健全に機能していることが明らかとなった。トランプ大統領は、司法および裁判官に対して露骨な批判を行ったが、ハフィントン・ポスト紙は「個々の裁判官を名指しし、法服がふさわしくないと露骨に非難することなど、まったく前例のないことです」というハーバード大学教授ローレンス・トライブの発言を引用し、現職の大統領が司法決定に異議を唱えることは異例であると批判している[2]。

　アメリカ社会において、司法は大きな影響力を有している。と

くに、アメリカ合衆国最高裁判所（Supreme Court of the United States）は、違憲立法審査権を有し、社会のあり方を決定する重要な役割を果たしてきた。当裁判所は終身任期の9名の裁判官から構成されるが、2015年には同性婚は合衆国憲法に基づく権利であり、同性婚を禁じる州法は違憲と判示するなど[3]、アメリカ社会に多大な影響を与えている。

　裁判官の地位もきわめて高い。アメリカにおいて裁判官は、弁護士等の法律家として一定期間活動した者の中から選ばれる（法曹一元）。裁判官は、実績を上げた有能な弁護士等から選ばれることが多く、ゆえに、法律家の長老として確固たる地位を有しているのである。

　興味深い調査結果がある。法律情報提供サイトであるFindLaw.comが2012年にアメリカの成人1,000人に対する電話アンケートを行い、合衆国最高裁判所判事の名前を挙げることができるかどうかを調査したところ、約3分の2のアメリカ人は、どの判事の名前も答えることができなかったとのことである[4]。当該記事は、判事の名前を1人以上挙げることができた者が34%しかいなかったことを嘆いているのであるが、日本人からすれば、平均的なアメリカ人の約3分の1が、最高裁判事の名前を1人でも知っていたというのは驚くべきことではないだろうか。この記事は、「最高裁長官であるジョン・ロバーツは裁判官の中で最も知名度が高かったが、それでもアメリカ人の5人に1人しか名前を挙げることができなかった。そして、1%のアメリカ人しか、9人の現職判事全員の名前を正確に述べられなかったのである」と批判的に総括しているが、100人に1人は最高裁判事全員の名前を挙げることができる市民がいるほどにアメリカにおける連邦最高裁判事の知名度は高いのである。

存在感の薄い日本の裁判所

　さてそれでは、日本人で日本の最高裁判所判事の名前を1人でも挙げられる人はいるであろうか。2010年に最高裁判事となり、2014年からは最高裁判所長官に任命された寺田逸郎の名前を知っている人はきわめて少ないと思われる。筆者は様々な授業で最高裁長官の名前を学生に聞いてきたが、これまで名前を挙げることができた学生は誰もいない。その他の最高裁判事についてはなおさらである。法学部の学生に聞いても同様であろう。法学部の教員に聞いても知っている者は少ないのではなかろうか。日本においては、司法および裁判官の存在感はアメリカと比べてきわめて薄いと言わざるを得ない。

　このことを象徴するようなケースがある。2016年3月9日に大津地方裁判所は、再稼働した関西電力高浜原発3・4号機をめぐり、稼働中の原発に対しては初めて、運転差し止めの仮処分を決定した。山本善彦裁判長は、福島原発事故の原因が解明されていない中で、地震・津波への対策や避難計画に疑問が残ると指摘し、安全性に関する関電の証明は不十分であると結論した[5]。

　ところが、関西経済連合会の森詳介会長（関西電力会長）や角和夫副会長（阪急電鉄会長）らは3月17日の関経連の記者会見で、「憤りを超えて怒りを覚えます」と当該決定を批難し、「なぜ一地裁の裁判官によって、（原発を活用する）国のエネルギー政策に支障をきたすことが起こるのか」と述べ、「こういうことができないよう、速やかな法改正をのぞむ」と訴えたのである[6]。

　この発言は、明らかに不当である。「一地裁の裁判官」でも行政府や立法府の暴走を止めることは可能なのであり、それこそが各権力の抑制と均衡（checks and balances）を図り、各権力の暴

走を抑止する三権分立の真髄なのである。しかし残念ながら、日本の司法は、上記の発言が示すように、政府や経済界より下に見られていると言えよう。

　裁判所は本来、きわめて強い力をもつ機関である。日本国憲法81条は、「最高裁判所は、一切の法律、命令、規則又は処分が憲法に適合するかしないかを決定する権限を有する終審裁判所である」と規定し、最高裁判所が違憲法令審査権を有する終審裁判所であることを明記している。最高裁判所が憲法の番人と言われるゆえんである（憲法81条には「最高裁判所」と書かれているが、これは最高裁判所のみが違憲法令審査権を有することを意味しない。高等裁判所以下の各下級裁判所も違憲法令審査権を行使できるとするのが判例である[7]）。

　しかし、1947年に最高裁判所が設置されてから70年もの間に、最高裁判所が出した違憲判決（法令違憲）は10件程度に過ぎない。それに対して、ドイツでは、1951年に連邦憲法裁判所が設置されてから2009年までの間に、611件の法律を違憲無効としており、アメリカ合衆国最高裁判所は、1953年から2009年の間におよそ900件の法律を違憲無効としてきたのである[8]。

　また、日本では国や地方公共団体に対する行政訴訟の数も少ない。ドイツの行政訴訟数は日本の250-500倍、韓国や台湾でも30-50倍と言われている。少ない理由は、日本の行政訴訟では原告の勝訴率がきわめて低いからである。全面勝訴率は数％、一部勝訴率を含めてようやく約10％である[9]。これでは、訴える気持ちさえ起きないのではないだろうか。

　行政訴訟の勝訴率が低い理由の一つとして挙げられているのが、司法の行政寄りの態度である。例えば、名護市辺野古の新基地建設をめぐる裁判では、沖縄県と国が「代執行訴訟」および「違法

確認訴訟」を争った。「代執行訴訟」では、2016年3月4日に沖縄県と国の暫定的な和解が成立し、一時埋め立て工事は中止されたが、同年7月22日に国（国土交通相）は是正指示に従わないとして沖縄県を再び訴えた（違法確認訴訟）。この訴訟において同年9月16日に第1審である福岡高裁那覇支部で沖縄県は敗訴し、同年12月20日に最高裁でも県の上告は棄却され、敗訴が決定した[10]。

　ところが、これら二つの訴訟を指揮した多見谷寿郎裁判長は、代執行訴訟が提起されるわずか18日前に、東京地裁立川支部の部総括判事（裁判長）から慌ただしく福岡高裁那覇支部長に異動しているのである。この異動が普通と違うのは、裁判官の異動は通常3–5年ごとであるにもかかわらず、多見谷判事の立川支部で在任期間が1年2カ月と妙に短いことである。また、多見谷判事の前任者である須田啓之判事もわずか1年で那覇支部長を終えて宮崎地家裁の所長に転じている。多見谷判事は、千葉地裁の裁判長であった間に行政事件を数多く手がけ、9割がた行政側を勝訴させていたとのことである。真偽のほどは定かではないが、この裁判官人事が意図的なものであったとすれば、初めから国が勝つことが決まっていたと考えられなくもない[11]。

日本の裁判所・裁判官の実態

　それでは、なぜこのように日本においては裁判所や裁判官の力が弱いのであろうか。この問題を考えるに当たって、日本の裁判官の実情について説明したい。

　まずは人事である。日本の裁判所の裁判官は、形式的には内閣によって選ばれるが、実質的には最高裁判所が決定している。最

高裁長官は、内閣の指名に基づいて天皇が任命し、その他の最高裁判事については、内閣が任命し天皇が認証することになっている。確かに、形式的には内閣が指名・任命しており、政治的な意向が働くことが皆無とは言えないが、実質的には最高裁判所が内閣に助言しているのである。全国に8つある高等裁判所の長官については、最高裁判所の指名に基づき内閣が任命し天皇が認証することになっており、形式的にも実質的にも最高裁判所が決定している。最高裁長官・判事、高裁長官以外のすべての判事に関しては、最高裁判所の指名に基づき内閣が任命すると規定されており、最高裁が人事を握っているのである。

　判事とは裁判官の中の職名の一つであり、司法修習後に判事補として裁判所に採用され、判事補として10年の経験を積むと半ば自動的に判事となるケースが多い。判事補とは、裁判官に任官して、10年未満の者を言う。判事補は1人で裁判をすることができず、判事補が関与する事件は、原則として合議事件（裁判官が3人関与する合議体で裁判する事件）のみである。ただし、特例判事補という職があり、裁判官に任官して5年以上の者のうち、最高裁判所が指名する者は、特例判事補として、例外的に単独事件について裁判をすることができ、5年が経過した裁判官については、ほぼ例外なく特例判事補の職名が付されているのが現状である。

　次に、裁判官の任期・定年はどうなっているのであろうか。

　最高裁判所の裁判官に任期はなく（ただし、10年ごとの国民審査がある）、70歳に達したときには退官する。下級裁判所（＝最高裁以外）の裁判官の任期は10年であり[12]、任期満了後に再任されることができる。現在、ほとんどの裁判官が再任されているが、ごく少数ではあるが、再任を拒否される裁判官も存在する。

定年は、高等裁判所・地方裁判所・家庭裁判所の裁判官は 65 歳、簡易裁判所の裁判官は 70 歳であり、定年に達したときには退官する。

以上から分かることは、日本の裁判官の人事は基本的に最高裁判所が握っており、裁判官には 10 年の任期があるということである。アメリカの連邦裁判所裁判官の任期は終身であり、イギリスでも最高裁判所、控訴院、高等法院等の上位裁判所の裁判官は基本的に終身である。ドイツでも 3-5 年間の試用裁判官期間を過ぎると終身となる。それに対して、日本の裁判官は任期制であり、きわめて少数ではあるが、再任されない可能性があるため、最高裁判所の意向を気にせざるを得ないシステムとなっているのである。

最高裁事務総局による裁判官統制

さて、最高裁判所において司法行政を担っているのが最高裁事務総局である。この役所が日本の裁判官の人事を統括しているのである。そして、最高裁事務総局は人事を通して、様々な形で裁判官の統制を行っている。統制には大きく分けて 4 つある。すなわち、①任期による統制、②任地による統制、③報酬による統制、④昇進による統制である。

①任期による統制

上述したように、日本の裁判官は 10 年の任期制である。ほとんどは再任されるが例外も当然ある。裁判官たちは再任拒否をどうしても念頭に置かざるを得ないのである。

1960 年代およびその前後、行政事件、公安・労働事件で国・

企業側に不利な判決が相次いだ。東京都公安条例違反事件に対する東京地裁の無罪判決（1959年）、全逓中郵事件（1966年）、都教組事件（1969年）、学生が機動隊と衝突した博多駅事件に対する福岡地裁の無罪判決（1970年）、長沼ナイキ訴訟に先立つ保安林解除処分の執行停止申立事件において札幌地裁が執行停止の仮処分を認める（1973年）などの判決・決定は、政権与党である自民党に危機感を与えた。これらの判決・決定と時を同じくして、「偏向裁判」キャンペーンが始まる[13]。

　右翼系雑誌『全貌』の1967年10月号は、「裁判所の共産党員——その後この人たちは何をしているのか——」という特集記事を掲載した。そこには「青法協裁判官名簿」が掲載され、「青法協裁判官」の氏名・現任地が明らかにされていた。青法協とは、青年法律家協会の略であり、1954年4月に「全国の若い法律家があつまって平和と民主主義をまもる会」として設立された若い法曹による研究団体である。彼らは破防法制定や自衛隊発足、憲法改正論議に危機感を抱いており、裁判官の3分の1ほどが青法協に加入していた。ゆえに、青法協を反体制的な研究者、弁護士、裁判官のグループとみなす『全貌』は、彼らを敵視した記事を掲載した[14]。

　その他の保守系ジャーナリズムによる青法協および偏向裁判への批判と軌を一にして、自民党の田中角栄幹事長は1969年4月、党内に「裁判制度調査特別委員会」を設置すると述べた。その目的は、問題となる判例を調査して、裁判官人事を行う際の資料とするためであった。そして同年5月には、自民党内に「司法制度調査会」が発足する。

　上記の田中幹事長の発言に対して、岸盛一最高裁事務総長は、「同委員会が裁判の独立を脅かすようであれば重大問題である」

と述べ、委員会設置に反対の意向を示した。その後、最高裁は「司法の独立」を侵そうとする政権与党に付け入る隙を与えないように、内部統制を押し進めていく。最高裁でも1969年1月に長官が横田正俊から石田和外に交代し、政策転換が行われ、こちらも内部統制の強化の道を選択したのである[15]。

石田最高裁長官は、「偏向裁判」批判を利用し、裁判と裁判所を保守化路線に乗せた。その際利用したイデオロギーが「公正らしさ論」である。「公正らしさ論」とは、裁判は単に事実上公正であるのみならず、国民から「公正らしさ」を疑われないようにしなければならないというものだ。つまり、いくら公正な裁判を行っていても、裁判官が政治的色彩を帯びた団体に加入している限り、偏った裁判と受け取られる危険性があるので外見的中立が重要とされた。このようにして、最高裁は自らの手で、青法協会員裁判官を粛清する道を進んでいった。これは青法協の「青」とレッド・パージをかけて、ブルー・パージと呼ばれている。

最高裁は、上述した『全貌』を公費で大量購入し、全国の裁判所に配布し、個々の裁判官に対して、青法協からの退会勧告を行った。その締めくくりとなるのが、1971年の宮本判事補再任拒否事件と言えよう。これは、1971年、熊本地裁・家裁判事補であった宮本康昭判事補の再任を最高裁が拒否した事件である。宮本判事補は、有能で素直で温厚であると評された人物であり、裁判官として決して不適格な人物ではなかった。唯一、再任拒否された理由として考えられるのは、彼が裁判官になる前から青法協に入会し、青法協裁判所部会の設立当初からの会員であったことぐらいであるが、最高裁は「不再任の理由は人事の機密で公表できない」「再任は自由裁量である」と言って、一切不再任の理由を示さなかった。この再任拒否事件は、現場の裁判官たちを恐怖に陥

れ、震え上がらせた。その後も青法協会員裁判官に対する任地・
職務に関する差別は苛烈を極め、結果として青法協裁判官部会は
1984 年に青法協から分離独立するという形で解散することにな
る [16]。

　「宮本判事補再任拒否事件以降、裁判＝判決への消極性や裁判
所内での言動に萎縮がめだつと証言するベテラン裁判官はすくな
くない [17]」とのことである。再任されないかもしれないという
不安が、裁判官の独立性を侵している可能性は高い。

②任地による統制

　裁判所法 48 条は「裁判官は、…その意思に反して、免官、転官、
転所、職務の停止又は報酬の減額をされることはない」と規定し
ている。したがって、裁判官が同意しなければ転勤を強制するこ
とはできない原則なのである。しかしながら、現実として、一応
次のようなルールが作られている。司法修習生を修了して判事補
に任命された者は、最初の 2 年半、東京、大阪をはじめとする
比較的規模の大きな地方裁判所に配置される。判事補任官時代か
ら判事任官後 2 年半（12 年半）程度までは、概ね 3 年ごと、そ
れ以降は概ね 4 年ないし 5 年の異動となっている。また、地裁・
家裁の部総括裁判官（裁判長）については、裁判長が頻繁に交代
するのを避けるため 5 年の任期を原則としている。そして、裁
判官はよほどのことがない限り、転勤要請を断ることはない。な
ぜなら、この法文を楯に転勤を拒否すると最高裁事務総局から報
復人事をされる危険性が高いからである [18]。

　西川伸一は、任地によって裁判官を「陸上勤務組」「近海航海組」
「遠洋航海組」の 3 種類に分類している。

　まずは、「陸上勤務組」である。「陸」とは最高裁事務総局のこ

とを意味する。つまり、もっぱら最高裁事務総局の各局において課長などとして司法行政を司る裁判官である。彼らは裁判官の地位は有するが、実際には「裁判しない裁判官」たちである。もちろん、地方の裁判所に転勤することもあるが、すぐに最高裁事務総局に戻ったり、地裁・高裁の所長になったりして司法行政を続ける。彼らの中には三大役職と言われる、「最高裁事務総局課長・室長」「最高裁調査官」「司法研修所教官」に任じられる者も多い。

次に、「近海航海組」である。彼らは最高裁事務総局付にはならないが、大都市の裁判所などで活躍する裁判官たちで、大多数がこのカテゴリーに属する。なぜ、「航海」なのかと言うと、定年まで裁判所を航海してめぐり渡るが、決して「陸」には上がれないからである。

最後に、「遠洋航海組」である。彼らは、「陸」に上がれないどころか、大都市の裁判所に赴任することすら難しく、地方の地裁や家裁の支部を転々とさせられる。違憲判決を出したり、青法協などの最高裁事務総局から睨まれている団体に所属していたりするとこの組に入れられる。場合によっては、部総括裁判官（＝裁判長）になれない者もいる[19]。このような待遇を受けた裁判官の一人が、「支部支部（渋々）と、支部から支部へ支部めぐり、支部（四分）の虫にも五分の魂[20]」と自らの境遇を詠んでいるが、このような仕打ちを最高裁事務総局から受けぬように、最高裁の意向を忖度する、いわゆる上ばかり見上げる「ヒラメ」裁判官が生まれてきてもおかしくない[21]。不遇な裁判官生活に見切りを付けて、裁判官から弁護士になる裁判官もいるが、顧客がついて生活できるまで2、3年はかかるので渋々裁判官を続けざるを得ない裁判官もいるのが現状である。

また、上記のような頻繁な転勤は、裁判官を癒着から防ぐ「無

菌培養」には役立つが、反面、地元との関係が切れてしまい、市民との交流がもてない裁判官や市民感覚を培うことのできない裁判官を生むことにつながると考えられる[22]。

③報酬による統制

　現在の裁判官の「報酬」は、判事8段階（最高裁長官、最高裁判事、東京高等裁判所長官、その他の高等裁判所長官にはそれぞれ別の報酬が定められており、それを入れると12段階となる）、判事補12段階と細かく区分されている。最高裁長官の報酬月額は、201万円であり、判事補の最低額である判事補12号は229,900円となっている。計算すると約8.7倍もの開きがある。（ちなみに、判事1号は、1,175,000円であり、判事補12号と比較すると約5倍の違いがある）[23]。

　昇給は勤続年数に対応しており、特別の理由がない限り、どの裁判官も判事4号まではほぼ一斉に昇給する。すなわち、任官して満15年が過ぎると一律に判事5号となり、満18年6ヶ月で判事4号に昇給する。誰でもなれるので「バカヨン」という言葉すらあるそうである。

　しかし、判事3号からは一律ではなくなる。早い者は任官して満21年で判事3号となり、半年遅れで同期の裁判官の大半が判事3号に昇給するが、それでもまだ判事4号に留め置かれる裁判官がいる。この昇給の時差を「3号問題」と呼んでいる。判事4号に留め置かれる裁判官とは、青法協裁判官部会で積極的な活動をしてきたりして、最高裁事務総局から疎ましく思われている裁判官たちである[24]。

　もちろん、判事4号で報酬月額81万8千円であるから、それで生活ができないわけではない。しかし、判事3号は月額96万

5千円であり、月に14万7千円も違う。年間にすると176万4千円の差である。これにボーナスや調整手当などを加えるとその差はさらに大きくなる。

これは生活というよりもプライドの問題である。青法協裁判官部会に所属していた安倍晴彦元判事は、静岡の浜松支部在勤中に、「裁判官会議での座る席の位置が号俸順で指定されるため、1年ごとに座る位置が繰り下がり、毎年後輩が私の上位に上がっていくという、実に嫌なこともあった」と述懐している[25]。このような屈辱から逃れるため、最高裁事務総局との対立を避ける裁判官がいてもおかしくはない。

ところで、アメリカやイギリスの裁判官には基本的に「昇給」というものがなく、裁判所のポストに応じて年俸が決まっている。また、各ポストの年俸には差異が少ないのが特徴である。アメリカ議会調査局（Congressional Research Service）の2005年の報告書によると、アメリカ合衆国最高裁判所長官の年俸が$208,100（約2,400万円）、控訴裁判所裁判官が$171,800（約2,000万円）、連邦地方裁判所裁判官が$162,100（約1,900万円）であり、最高裁長官と地裁裁判官の年俸の差は500万円、倍率にして約1.3倍しかないのである[26]。

ドイツの裁判官も給与差が少ない。ドイツの裁判所は、通常裁判所・行政裁判所・財政裁判所（税務裁判所）・労働裁判所・社会裁判所・憲法裁判所の各系列に分かれており、基本的に連邦の裁判所が各系列の最上級審を担当し、各州がそれ以外の下級審を管轄している。そして州ごとに裁判官の俸給制度が違うので、一概には日本の裁判官と比較できない。

しかし、バーデン・ヴュルテンベルク州を例にとって見てみると、2017年度バーデン・ヴュルテンベルク州裁判官俸給表で一

番低い本給（R1 級 1 号俸；区・地方裁判所の裁判官等が該当）が月額 4,228.49 ユーロ（約 55 万円）であり、最高の R8 級俸（大規模な上級地方裁判所長官等が該当。R3 級以上は号なし）の本給は月額 10,320.61 ユーロ（約 134 万円）で差は 2.44 倍に過ぎない[27]。

また、連邦俸給法によると、各系列の最上級審を担当する連邦裁判官の本給の最低は R6 級俸（R3 級以上号なし）であり月額 9,589.49 ユーロ（約 125 万円）、最高は各系列の最上級審の長官職（例えば、連邦通常裁判所長官）および憲法裁判所裁判官に与えられる R10 級俸で月額 13,801.08 ユーロ（約 180 万円）となっている[28]。バーデン・ヴュルテンベルク州裁判官の最低本給と連邦裁判官の最高本給の差でも 3.26 倍であり、日本の 8.7 倍よりも格段に小さい。さらに、州および連邦裁判官の本給は、ポストと年齢で決定され、裁量の余地はほとんどない。

アメリカ、イギリスおよびドイツの方が日本より格段に裁判官の独立を守りやすいと思うがいかがであろうか。

④昇進による統制

昇給の問題とも密接に関係するのだが、昇進に際しても最高裁事務総局から睨まれると不利益を受ける可能性がある。すなわち、裁判官として最もやりがいのある「部総括裁判官」、つまり裁判長になれないのである[29]。

部総括裁判官への就任については明示的なルールはない。しかし、1955 年頃までは、最高裁が指名する前に各下級裁判所の裁判官会議の意見を聞くという手続が踏まれ、最高裁判所も実際上この意見に従って指名する他なかったが、その後、裁判官会議のこの権限は奪われ、現在のような所長・長官の意見を聞いた上で、

最高裁が指名する形になった[30]。要するに、部総括裁判官への昇進は最高裁事務総局が決定しているのが現実である。また、部総括裁判官になることができなければ、判事3号になることもできない。

このように、日本の裁判官は最高裁事務総局によってコントロールされており、憲法76条に「すべて裁判官は、その良心に従ひ独立してその職権を行ひ、この憲法及び法律にのみ拘束される」と謳われているにもかかわらず、憲法・法律や自分の良心のみに従った判決を出しにくい構造になっている。「ヒラメ裁判官」が多いとの批判があるのもこのような構造があるからではなかろうか。

裁判官の日独比較

筆者は、上述したような最高裁事務総局による裁判官統制があることを『記録映画「日独裁判官物語」[31]』で詳しく知った。この映画は、日本とドイツの裁判官の日常を比較することにより、いかに日本の裁判官が最高裁事務総局のチェックに怯え、不自由な生活をしているか、市民的自由をもっていないか、また、残念ながら、いかに司法が行政や立法から独立していないかを明らかにしている[32]。

それでは、ドイツにおける裁判所や裁判官は日本とどう違うのであろうか。

まず、ドイツでは裁判官の数が多い。次の表から明らかなように、人口10万人当たり、ドイツには日本の10倍以上の裁判官がいる。このように数多くの裁判官が、上述したように、日本の250-500倍の行政訴訟を裁き、600件以上の違憲判決を出して、

積極的に立法・行政活動のチェックを行っているのである。このようにドイツの司法は、立法・行政と肩を並べる「第3の権力」として正常に機能している。そして、司法のチェック機能を支えているのが、裁判官の強い独立性である[33]。

諸外国の法曹人口比較（人口 10 万人当たりの法曹数、2016 年）[34]

	弁護士	検察官	裁判官
ドイツ	201.38	6.50	25.00
日本	29.68	1.46（※2）	2.37（※3）
アメリカ	379.44	10.18	9.95
イギリス（※1）	246.23	4.26	5.66
フランス	93.33	2.88	8.72

※1　イギリスは、イングランドおよびウェールズが対象。
※2　副検事を除いた数。
※3　簡裁判事を除いた数。

　ドイツでは、裁判官の独立が厳格に保障されている。基本法97条1項は「裁判官は独立であり、ただ法律にのみ従う」と規定し、裁判所構成法1条が「裁判権は、独立し、法律にのみ服する裁判所によって行使される」と謳い、ドイツ裁判官法25条は「裁判官は独立であり、法律にのみ従う」と規定している他、何重にもわたって「裁判官の独立」を規定している。

　まず、任期の点では、3−5年の試用裁判官期間を経て、正式に任命された裁判官の任期は終身である（ただし、定年は存在する[35]）。したがって、日本のように10年ごとの再任といった問題は生じない。次に、転勤に関しては、本人の意に反した転勤はない。し

たがって、他の裁判所や他のポストに移動するのは、本人が同意
しているか、あるいは、本人自身が積極的に望んでいる場合のみ
に限られる[36]。

　昇進も本人の希望に基づき、透明性の高い手続の中で決定され、
原則として本人が応募する形で行われる。例えば、地裁・区裁の
裁判長・所長、高裁の裁判官・裁判長・長官などのポストに空き
が生じると、そのポストについて公募が行われ、応募者の中から
適任の者の昇進が決定される。その際には、裁判官人事委員会が
立ち上げられるのであるが、ここで重要なのは、人事委員会の裁
判官委員が直接秘密選挙によって選ばれることである。つまり、
日本のように最高裁事務総局がトップダウンで決めるのではなく、
その管区内の周りから信頼されている同僚裁判官たちが実質的に
昇進の可否を決定しているのである。

　給与については前述したが、ドイツの裁判官給与の特徴は、体
系が簡単明瞭で、裁量の余地が少ないことである。給与から裁量
性を除くことは、裁判官の独立の前提条件であり、このような簡
単で透明性の高い給与制度は、裁判官の独立性を強めている。

　ドイツでも一定年齢（概ね50歳）に達するまでは、4年また
は5年ごとに勤務評定が行われている。ただし、裁判官の独立性
を害しないように次のような措置がとられている。①勤務評定の
法的根拠が明確であり、州の裁判官法か裁判所規則の形で、誰が、
いつ、どのような形で勤務評定を行うかが詳細に規定されている。
②評価項目としては、適性・能力・専門知識などが評価対象とな
るが、判決の内容を評価の対象とすることは許されない。③勤務
評定の客観性・透明性を担保するため、本人への事前開示、意見
表明、不服申し立ての機会が手厚く保障されている。

　そして、司法行政は各裁判所の自治に委ねられている。その中

心となるのが総務部であるが、その構成員は、当該裁判所の全裁判官の直接秘密投票によって選挙される。これによって、所長・長官や裁判長の権限が縮小され、裁判官相互の平等が促進され、裁判官の独立性を高めることに役立っている[37]。

　日本でも裁判官会議は存在するが、形骸化しており、最高裁事務総局が決めたことを追認するだけの組織に成り下がったと言われている。例えば、裁判長の指名や一般職の任命など多くの重要事項が、高裁長官・地裁所長や一定数の裁判官による常置委員会に委譲されているのが現状である。

　ドイツでは裁判官の市民的自由を保障するために、裁判官には広範な社会的自由が認められている[38]。例えばドイツでは、次の活動は自らが裁判官と名乗っていても問題なく認められる。①政府の政策や法律に反対する意思を口頭で表明すること。②新聞や雑誌に政府の政策や法律に反対する投書をすること。③政府の政策や法律に反対するデモに参加すること。④政党に加入すること。⑤市民運動に参加すること。⑥環境保護団体に参加すること。⑦消費者保護や借家人保護を目的とする団体に参加すること。⑧労働組合や自発的な団体を結成・加入すること。要するに、現在の法秩序を基本的に否定する活動でない限り、自由になし得るのである[39]。

　このように、ドイツでは裁判官の独立が十分に保障されていることにより、ドイツの司法は、行政・立法に対するチェック活動を積極的に行うことができ、裁判官は自己の良心に従った判決をなすことができるのである。また、市民的自由が広範に認められていることにより、裁判官は、日常生活において市民として幅広い活動を行うことができ、社会に対する鋭敏な感覚をもつことができる。そしてそれは、市民感覚をもった判決・決定につながる

のである。

日本の司法はどのように変わるべきか

　さて、それでは今後、日本の司法はどのように変わるべきであろうか。

　まず大事なのは、法曹一元の導入である。法曹一元制度とは、上述したように、裁判官の採用を、lawyer の資格を有するもの（主として弁護士、しかし政府・企業・大学で活動する者も含む）の中から行うことを原則とする制度である。これは、司法修習修了後にすぐ裁判官となり、その後も基本的に裁判官キャリアを歩んでゆく、日本のキャリア・システムとは大きく違う。

　法曹一元制度を導入することにより、裁判官は高い権威をもった法律家の長老としての地位を獲得することができる。このことは、裁判官、ひいては司法の地位をも高めることにつながる。また、弁護士時代に培った社会感覚や広い視野が、裁判官としての総合的判断を高めることができるので、裁判官の官僚的発想を防止できると言えよう。さらに、裁判官の裁判所内での「純粋培養」を防ぐことにより、独立自由の気概をもった人材を司法に送ることができる。

　次に、裁判官人事の民主化と透明化である。裁判官を萎縮させる 10 年の任期制や実質的な転勤強制の廃止（裁判所法 48 条の実質化）が不可欠と言えよう。昇給の廃止または俸給種別をできるだけ少なく単純なものにすることも重要である。昇任審査を可能な限り透明化して、昇任の際には専門の委員会を立ち上げ、直接秘密選挙によって選ばれた同僚により審査を行うことも大事と考える。これらの措置を講じることによって、裁判官は自分の職

や任地、給与、昇任を気にして最高裁事務総局を見上げることが必要なくなり、法律と良心のみに従って事件を裁くことができるようになる。

　現在の日本は、議院内閣制をとるからには仕方がないのではあるが、立法府と行政府が一体となって暴走する危険を常にはらんでいる。それを止め得るのは国民と司法府しかない。選挙によって民意を示すことがベストではあるが、如何せんいつでも選挙を行えるわけではない。日常的に政府等の暴走を止め得るのは個々の事件を担当する裁判官である。このように重要な役割を担う裁判官たちが、後顧の憂いなく法律と良心に従って正義を宣言することのできる環境が今ほど必要とされている時代はないのではなかろうか。

（あらい・まこと）

注

1　「米入国制限の大統領令、司法闘争は長期化の恐れ」『日本経済新聞』（2017年2月7日）（Web版）「米入国制限差し止め、控訴裁が支持　トランプ氏に打撃」『日本経済新聞』（2017年2月10日）（Web版）

2　「トランプ大統領が招く『憲法の危機』入国禁止令を停止した裁判官をTwitterで攻撃」『The Huffington Post』（2017年2月5日）（Web版）

3　「同性婚、全米で合法　最高裁『禁止の州法は違憲』」『日本経済新聞』（2015年6月26日）（Web版）

4　"Two-Thirds of Americans Can't Name Any U.S. Supreme Court Justices, Says New FindLaw.com Survey" Web.

5　「高浜原発3・4号機、運転差し止め　大津地裁が仮処分」『朝日新聞デジタル』（2016年3月9日）（Web版）

6　「怒る関経連『なぜ一地裁の裁判官が』高浜原発差し止め」『朝日新聞デジタル』（2016年3月18日）（Web版）

7　最大判1950年（昭和25年）2月1日（刑集　第4巻2号73頁）。

8 デイヴィッド・S・ロー（西川伸一訳）「日本の最高裁が違憲立法審査に消極的なのはなぜか」『政経論叢』（明治大学政治経済研究所）第81巻第1・2号（2012年12月）173、212頁。

憲法裁判所の役割は違憲審査だけではない。各市民は自らの基本権が公権力により侵害されていると考える場合には、憲法裁判所に憲法訴願（憲法異議）を提起できるが、その数は年間約6,000件である。（*Germany's Constitutional Court: Judgment Days*, ECONOMIST, Mar. 28, 2009 Web.）

2015年に参議院が出した報告書によると、憲法裁判所のペーター・フーバー裁判官は、憲法訴願（憲法異議）が年間7,800件で、違憲判決は憲法裁判所発足より64年間で700-800件と述べている。（参議院「ドイツ・イタリア・英国における憲法事情に関する実情調査概要」（2015年（平成27年）4月）45-47頁。）

9 阿部泰隆「行政訴訟のあるべき制度、あるべき運用について」『法律文化』2004年2月号（LEC東京リーガルマインド）28頁。（Web版）

10 「『辺野古ありき』判決　違法確認訴訟　基地問題の本質無視」『沖縄タイムス』（2016年9月17日）（Web版）「辺野古訴訟で沖縄県の敗訴確定　最高裁が判決」『朝日新聞デジタル』（2016年12月20日）（Web版）

11 黒木亮「辺野古代執行訴訟『国が勝つことは決まっている』」『PRESIDENT』2015年1月4日号（プレジデント社）、19頁。

12 憲法80条1項「下級裁判所の裁判官は、最高裁判所の指名した者の名簿によって、内閣でこれを任命する。その裁判官は、任期を十年とし、再任されることができる。但し、法律の定める年齢に達した時には退官する。」

13 西川伸一『日本司法の逆説——最高裁事務総局の「裁判しない裁判官」たち』（五月書房、2005年）126頁。（以下、西川『日本司法の逆説』と略す。）新藤宗幸『司法官僚——裁判所の権力者たち』（岩波新書、2009年）120-121頁。（以下、新藤『司法官僚』と略す。）

14 西川『日本司法の逆説』125頁。

15 西川『日本司法の逆説』126-127頁。

16 西川『日本司法の逆説』128-140頁。新藤『司法官僚』120-121頁。安倍晴彦『犬になれなかった裁判官　司法官僚統制に抗して36年』（NHK出版、2001年）190-192頁。（以下、安倍『犬になれなかった裁判官』と略す。）「青法協裁判官部会」の後継団体となる「裁判官懇談会」に所属する裁判官に対しても明らかな処遇上の差別が行われた。（安倍『犬になれなかった裁判官』205-210頁。）

17 新藤『司法官僚』122頁。

18 裁判官の人事評価の在り方に関する研究会『裁判官の人事評価の在り方に関する研究会報告書』（2002年（平成14年）7月16日）（Web版）

西川『日本司法の逆説』187-191頁。新藤『司法官僚』127、155-160頁。

19 安倍清彦元判事は、自らに対して執拗な脱会工作が行われ、支部めぐりという不利益が科されたことを具体的に述べている。安倍は、全裁判官生活の約3分の2に当たる24年弱を「人の嫌がる支部家裁」で過ごしたとのことである。（安倍『犬になれなかった裁判官』182-201、216-218頁。）

20 日本裁判官ネットワーク編『裁判官だって、しゃべりたい！──司法改革から子育てまで』（日本評論社、2001年）193頁。この狂歌は田中昌弘元判事が詠んだもの。

21 西川『日本司法の逆説』81-88頁。

22 西川『日本司法の逆説』196-200頁。

23 最高裁判所『裁判所データブック2016』25頁。

24 西川『日本司法の逆説』200-201頁。

25 安倍『犬になれなかった裁判官』222頁。安倍が3号に昇給したのは、同期の最初の昇給時期から5年半後であり、1号になったのは定年退職の当日で、1日限りの1号だった。1日だけの1号昇給という処遇を受けた裁判官は複数存在したようである。（安倍『犬になれなかった裁判官』219、224頁。）

26 CRS Report for Congress ― Salaries of Federal Officials: A Fact Sheet（Jan.11, 2005）Web.

27 Grundgehaltssätze Baden-Württemberg, Landesbesoldungsordnung R（01.06.2017- 28.02.2018）Web.
　　ポストと俸給については、Landesbesoldungsgesetz Baden-Württemberg（LBesGBW）Vom 9. November 2010（バーデン・ヴュルテンベルク州俸給法）の35条、36条および別表3（Anlage 3）を参照。同一ポストにおける定期昇給については、36条1項1文が規定しており、裁判官の本給（号俸）は、2年ごとに最終号俸に至るまで昇給する。

28 連邦俸給法（Bundesbesoldungsgesetz）37条、別表ⅢおよびⅣ（Anlage Ⅲ, Ⅳ）を参照。別表Ⅲはポストと俸給の関係、別表Ⅳは俸給表を載せている。

29 安倍に部総括裁判官の辞令が出たのは、裁判官になって約34年後、定年退職の約2年前という異例に遅い時期であり、他の裁判官と比べて10年、20年遅れていた。しかも、部総括裁判官となったのは家事部であり、家裁の普通の裁判には合議がないから、安倍は生涯、実際に合議の裁判長のポストに就くことはなかった。安倍は、部総括にしないという差別を「任地よりも給与よりも、これこそが裁判官として私が受けた差別の中での、最大の『究極の差別』であったと思う」と述べている。（安倍『犬になれなかった裁判官』217-218、229頁。）

30 伊東武是「裁判官人事制度の改革について」『自由と正義』第52巻（日本弁護士連合会、2001年3月号）80-81頁。

31 記録映画「日独裁判官物語」制作・普及100人委員会（鬼追明夫代表）『記

録映画「日独裁判官物語」』（青銅プロダクション、1999 年）；高見澤昭治『市民としての裁判官——記録映画「日独裁判官物語」を読む』（日本評論社、1999 年）参照。

32　西ドイツ時代ではあるが、木佐茂男は、ドイツ司法の特徴として、「開かれた裁判所」と「行動する裁判官」、「親切な裁判所」を挙げている。（木佐茂男『人間の尊厳と司法権——西ドイツ司法改革に学ぶ』（1990 年、日本評論社）313 頁。以下、木佐『人間の尊厳と司法』と略す。）

33　広渡清吾編『法曹の比較法社会学』（東京大学出版会 2003 年）39-41 頁。（以下、広渡『法曹の比較法社会学』と略す。）

34　最高裁判所『裁判所データブック 2016』28 頁（Web 版）。

35　裁判官法（Deutsches Richtergesetz）48 条 1 項によると、裁判官の定年は 67 歳。連邦憲法裁判所判事の定年は 68 歳である。（連邦憲法裁判所法（Bundesverfassungsgerichtsgesetz）4 条 3 項。）

36　広渡『法曹の比較法社会学』53 頁。西ドイツ時代、50％かそれ以上の裁判官が区裁判官として生涯を終え、ほとんどの場合、同一の裁判所で長期間勤務していたとのことである。（木佐『人間の尊厳と司法』234 頁。）

37　広渡『法曹の比較法社会学』49-55 頁。

38　裁判官の市民的自由は、西ドイツ時代から広範に認められていた。（木佐『人間の尊厳と司法』239-247 頁。）

39　広渡『法曹の比較法社会学』55-56 頁。

第3章
人権問題としてのカルト
そしてマインド・コントロール

渡辺 浪二

　オウム真理教事件からすでに20年もの歳月が経過しているが、オウムも含めいまだに問題のある団体に加入する若者は後を絶たない。2014年の公安調査庁のデータによると、オウム真理教（Aleph, ひかりの輪）の信者数は1995年の地下鉄サリン事件時は11,400人、その後、一時1,000人にまで減少したものの、2014年には1,650人と少しずつであるが回復してきている。カルト問題は消滅していくどころか、カルトの勧誘対象は大学生から高齢者、そしてより若年層である高校生にまで広がりつつある。大学ではまがりなりにも勧誘に対する予防的教育がなされるようになってきたが、高校について言えば宗教問題に関心ある教員がいる高校などを除けば、ほとんど対策はとられていない。われわれはこのようなカルト問題について、大学学生部を対象とした調査、大学生を対象にしたカルトによる被勧誘体験についての調査（安藤ら1997，西田・渡辺・太刀掛・鈴木，2012）、さらには高校生を対象とした被勧誘体験（渡辺・西田・安藤・太刀掛，2015）についての調査を行ってきた。また、2015年には本学において社会心理学会・日本脱カルト協会共催の「マインド・コントロール論再考」という公開シンポジウムを開催し、カルト問題について論考を深めてきた。これらの知見に基づいて、1.「カ

ルトとは何か、マインド・コントロールとは何か」、2.「カルト
になぜ騙されるのか、そして何を失うのか」、3.「無知・脆弱性
不法利用罪という反カルト法」、4.「大学におけるカルト：大学
の責任と義務」、といったテーマについて考えてみたい。

カルトとは何か、マインド・コントロールとは何か

　カルトとは何か、マインド・コントロールとは何かと問われる
と、一見自明のことのように思われるが、答えはそう簡単ではな
い。そもそも「カルト」とは、カリスマ的宗教指導者に率いられ
た原初的宗教集団で、正当な教義や正典によらないで教説や儀礼
を行う集団のことを指す。わが国で用いられている「カルト」に
近い意味を持つのは「セクト」であり、これは伝統協会から分派
した異端派の宗教団体を指す場合に用いられる概念である。た
だ、問題のある団体がカルトであるか、セクトであるかという議
論は教義的問題をはらむなど、混乱を招く危険性の方が高い。こ
こではカルトとは「その活動を通じて個人の生活に何らかの支障
をきたしたり、脅威を与えたりする（あるいは、その危険が感じ
られる）組織や団体」であると定義する。このような組織・団体
は、宗教カルト（統一教会、オウム真理教）に限定されるもので
はなく、経済カルト（ネズミ講、チェーン商法）、心理療法カル
ト（似非心理セラピー、自己啓発セミナー）、政治カルト（テロ
集団）など幅広く含まれることになる。

　では、マインド・コントロールとはどのようなものか。西田
（1995『マインド・コントロールとは何か』紀伊國屋書店）によ
れば、マインド・コントロールとは「他者が自らの組織の目的成
就のために、個人が（他者から）意思の誘導や操作を受けている

ことに気づかないあいだに、一時的あるいは永続的に、個人の精神過程や行動に影響を及ぼし操作すること」である。しかし、マインド・コントロールの破壊性と、他の影響力の技法との違いが見失われることから、西田（2016「社会心理学会第58回公開シンポジウム記録」日本脱カルト協会会報22）によれば上記に加え「あこぎなまでにこの手法を駆使して極端に強い心理的な拘束を与え、依存、搾取、虐待、殺人といった重大な結果を引き起こす現象をひとことで言い表すための表現である」という説明を加えている。さらに、マインド・コントロールという用語よりも、手法そのものの一般性から、そこで用いられる手法を総称して「心理操作（Psychological Manipulation）」という用語の方が適切であると考えられるようになってきた。

　よく、良いマインド・コントロールと悪いマインド・コントロールがあるとか、教育もマインド・コントロールである等と言われるが、前述の定義からして「良い」マインド・コントロールなどというものはなく、ましてや教育がマインド・コントロールであるなどとはとうてい言えない。「教育」は教育であり、マインド・コントロールはすべて否定的なものである。では、マインド・コントロールと他の影響力の技法との違いは何かと言うと、いわゆる informed consent（説明と承諾）があるかないかにかかっている。後者では原則、その目的・手続き・経過・結果はすべて個人に知らされなければならない。そのことにより、個人は　自由な意思決定ができるのであり、それが満たされなければ自由の侵害、人権の侵害となる。マインド・コントロールを用いる集団が問題なのは、カルトだから、邪教だから、間違った宗教だからではない。基本的人権を脅かす方法で勧誘を行い、高額な物品を売り、個人の人生を危うくするからなのである。

ところでカルト問題が起こると、よく洗脳という言葉が用いられる。そこでは洗脳とマインド・コントロールは同じものであるかのように説明されている。しかし、両者は似てはいるが、大きな違いがある。その違いを対比的に述べれば次のようになる。「洗脳」は暴力や薬物などを用い、強制されたものであることは明白で、その効果は一時的なものであり、その環境から解放されれば消失してしまう。洗脳は朝鮮戦争当時、思想改造の手法として用いられたが、その効果は短期的なものであることが明らかにされている。一方、「マインド・コントロール」は強制的手法を用いず、心理的行動変容の技法を組み合わせ、個人が操作されていることに気づかないうちに思想や行動を変えてしまう方法である。さらに、洗脳と異なり、本人が気づかないという要因からも、その効果は持続的である。より洗練された影響力の武器であると言ってよいであろう。

　では、マインド・コントロールの手法とは具体的にどのようなものか。そのプロセスには【1. 解凍】→【2. 変革】→【3. 再凍結】の3つの過程がある。まず【1. 解凍】の段階では、さまざまな方法を用いて個人の信念、アイデンティティを攻撃し、それを崩壊させる。次の【2. 変革】では一方的に情報を注入し、新たな信念やアイデンティティを形成させる。最終段階の【3. 再凍結】では、新たに形成させた信念やアイデンティティを強化、定着させるのである。これら一連の過程で用いられる個々の操作・技法は、幅広く心理学領域の中で用いられている、さまざまな影響力の操作・技法そのものである。

　マインド・コントロールの操作内容は【1. 情報のコントロール】、【2. 感情のコントロール】、【3. 行動のコントロール】、【4. 生活のコントロール】の4つに分けられる。まず【1. 情報のコントロー

ル】では、外部からの情報を遮断し、集団の中でのみ通用する社会的合意を形成し、教祖の権威でその信念を強化する。教義による一方的な情報だけが与えられ、仲間同士の会話は禁止され、外集団から宗教的弾圧を受けているという認識が醸成される。【2.感情のコントロール】では、外部から攻撃されるという被害者意識を高め、集団からの離脱に対して恐怖心を煽る。その一方で、ラブ・シャワー（熱烈な好意的評価）により受容されているという感覚を高め、内部のメンバーには好意をもたせ、自分たちは選ばれているという選良意識も高める。【3.行動のコントロール】では、集団内において食事の制限、睡眠の剥奪、先輩・上司への報告・連絡・相談（報・連・相）の徹底など厳しい行動を要求し、「賞と罰」で縛り、要求された行動に応じた自己概念を作り上げる。【4.生活のコントロール】では、制限された環境の下での単調な生活、異性感情の否定、睡眠時間を削るような肉体活動などのストレス状況下に置き、被暗示性を高める。みずから考えようとせず、判断停止、思考停止状態になる。その中で、世界は終わりだという終末論的切迫感を高めるのである。

カルトになぜ騙されるのか、そして何を失うのか

　なぜ人はカルトに騙されるのであろうか、そして何を失うのであろうか。はっきり言えば、カルトに騙される可能性は、誰にでもある。ある環境に置かれれば誰でもカルトに勧誘されてしまうと考えるのが正しい。その環境とは「貧・病・困」の3つである。経済的に苦しい、病気で辛い、家族関係・友人関係で悩みがある。失恋も不合格もすべてきっかけになり得るのである。誰しもが経験する出来事である。よく騙されやすい人であるとか、被暗示性

が高い性格であるとか、個人差があると期待されるかもしれないが、現在のところそのような個人差は見出されていない。

学生や若者がカルトに勧誘されやすいとよく言われる。冒頭でも述べたが最近では高校生から中高年・老人までその勧誘の対象は広がっている。しかし、まだまだ大学生などの若者が多いのは事実である。勧誘する側からしても学校・大学という多数の人々がいる環境、開放された環境は、勧誘の「市場」のようなものである。入学式にはじまり、大学祭、講演会、さらにはコンサート、各種行事と勧誘のイベントには事欠かない。また、大学の文化系、運動系のサークルとして潜り込み、ダミーの団体名で大っぴらに活動することも可能である。入学試験、合格発表でさえも勧誘の絶好の機会である。受験生が大学の近隣の道路などで勧誘されても大学としては手の打ちようがなく、受験生もまさかカルトの勧誘とは考えないであろう。その結果、電話番号等の個人情報がやすやすと奪われ、4月からの勧誘に用いられてしまうのである。

さて、青年期には、自己のアイデンティティの揺らぎ、明確な生きる意味の希求、生活スタイルの変化、一人住まいなど大きな心理的・環境的変化が生じる。大学に入学すれば高校時代とは異なり、両親からの生活の規制は少なくなり、自由が拡大する。その反面セルフ・コントロールが要求される。そして、青年期後期の発達課題としてエリクソンの言う自分探し、いわゆるアイデンティティの確立が求められる。失恋した学生、対人関係で悩む学生、人生観で悩む学生、いずれの場合も自分の悩みを分かち合ってくれる他者を必要とする。

さらに、青年期の特徴に潔癖性がある。白か黒か、善か悪かという二者択一式の論理形式に魅力を感じる。その中間の灰色は、両親のようにいい加減で、非倫理的な大人の考えることであると

第3章　人権問題としてのカルトそしてマインド・コントロール　65

否定しがちである。また、体験至上主義ともよべるものも青年期の特徴である。いわゆる、聞いただけでは分からない、自分でやってみなければ信じられないという考えである。これは、両親や社会の規範などへの反発に根ざすものであるが、批判される側の考えも「自分」で聞いて、見て、考えてから判断するのが正しく、公平なやり方であると考える傾向である。

　カルトの勧誘者はこのような特徴をもつ学生を鋭く見分け、魅力的な笑顔で接近してくる。そして、曖昧な答えではなく、明快で、正しい答えを、いとも簡単に与えてくれる。人生において白か黒かというような明快な回答はないにもかかわらず、一度そのようなカルトの思考形式にはまり込めば、批判的精神は失われ、受動的に教祖の考えを取り込むだけになってしまうのでる。

　カルトによって失うものは多い。どのようなカルトに騙されるかにもよるが、一般的に次のような悲惨な結果が生じる。【1.時間を失う】カルトに入るとすべての時間が商品販売、勧誘などの活動につぎ込まれる。その結果、学生であれば登校しなくなるし、勉強する時間も失われ、会社員の場合では本来の職務がおろそかになる。【2.友人を失う】勧誘のはじまりは近くの友人から、そして遠方の友人、中学・高校時代の友人へと広がってゆく。勧誘は断られることが普通であるから、険悪な関係になり友人を失う結果となる。【3.家族を失う】宗教カルトの場合などはとくに家族に内緒の活動が多いし、家族は悪魔であるとみなすような働きかけも受ける。もちろん家族関係は崩壊し、険悪なものとなる。【4.金銭を失う】カルト宗教の場合には献金を求められ、チェーン商法のような場合は、販売不振による立て替え払いを求められることもある。また、金額を支払えない場合にローンを組まされることさえある。【5.青春を失う】生活のすべてをカルトの活動

に費やすよう求められ、異性関係は厳しく制限され、恋もなければ愛もない生活が強要される。【6. 人生を失う】カルトをやめても戻る先はなく、お金もなく、就職することもできない。カルト組織に長く留まることで、一般社会での常識やスキルを身につけられず、社会に適応するのが困難になることも少なくない。

このように、カルトに騙されることで失うものは大きく、一般社会に適応することの辛さからカルトに逆戻りする、あるいはカルトを渡り歩くといういっそう悲劇的な状況になってしまうこともある。カルトからの脱会には、家族の全面的な受容と適切な専門家のサポートが必要な理由もここにある。

無知・脆弱性不法利用罪という反カルト法

カルト問題が生じたとき、なぜそのような団体が解散させられないのかと不思議に思うであろう。オウム真理教は宗教法人法に反するとして解散させられたが、多くのカルト団体はほとんど変わらずに存続している。統一教会も違法な経済活動などで批判を受け、霊感商法の被害者（元信者）救済のための「青春を返せ裁判」などで敗訴しているが、宗教法人としては存続している。このように社会的に問題のある活動があっても、宗教法人として解散させられるケースはきわめて少ない。

諸外国においてもカルト問題は数多く生じておりその対策に迫られている。しかし、地域により温度差があり、フランス、ドイツなどヨーロッパではカルト団体に厳しく、有名なアメリカ人男性映画俳優の活動が禁止される出来事も生じている。他方、アメリカではカルト問題が多々生じているにもかかわらず、信仰・宗教の自由は最大限に許容されている。このような状況の中、フラ

ンスでは「無知・脆弱性不法利用罪」という画期的な法律が制定
されている。この法律の成立に尽力したのが、カトリーヌ・ピ
カール氏である。彼女は、約1,500名の会員を擁する「カルト被
害者と家族を守る協会全国連合」の会長であり、フランスの元国
民議会議員である。この法律は、脆弱な状態であった人を他人が
不当に利用することを犯罪としてとらえ、カルトやマインド・コ
ントロール問題にも適用可能な法律「無知・脆弱性不法利用罪」
として制定されたものである。この法律はピカール氏の名前を冠
して「アブー・ピカール法（人権及び基本的権利の侵害をもたら
すセクト的団体の抑止及び取り締まりの強化に関する2001年6
月12日の2001-504号法）とよばれ、まさにこの法律によって、
カルトの解散命令が出せるようになったのである。少し長くなる
が条文を引用する（小泉，2006「フランスにおけるセクト対策
と信教の自由：セクト対策の10年間を振り返って」甲南法学）

　　　法的形態または目的のいかんを問わず、活動に参加する者の
　　　心理的または身体的服従状態を作り出し、維持し、利用しよ
　　　うとする目的または効果を有する活動を続けるあらゆる法人
　　　は、〔法律の定める一定の〕犯罪のいずれかについての刑事
　　　上の確定した有罪が、法人そのもの、あるいは法人の法律上
　　　または事実上の幹部に対し、複数回宣告されたときは、本条
　　　の定める手続きに従い解散が宣告されうる（下線を引いた部
　　　分がカルト団体の定義である）。

　　　未成年、年齢（＝高齢者）・病気・身体障碍、身体ないし心
　　　理的欠如、妊娠状態のために脆弱さが明白な者または行為者
　　　にそれが認識される者に対して、もしくは重大または反復し

た圧力や判断を歪めうる技術の結果、心理的または身体的な服従の状態にある者に対して、その者に重大な損害を与えうる行為または不作為に導くために、その者の無知または脆弱状態を不法に利用することは、3年（以下）の禁固および37万5000ユーロ（以下）の罰金に処する。

この法律が「無知・脆弱性不法利用罪」とよばれるゆえんは下線の文言であり、まさにマインド・コントロールを意味している。

フランスのこのような法律制定の流れに対して、わが国の現状はどうかと言えば、対極的であり、きわめておそまつな状況である。宗教への寛容さがみられると言えば聞こえはよいが、閣僚の靖国神社への公式参拝にはじまり、あまり表には出てこないが政治家の票田としての宗教団体の存在、選挙運動にカルト団体の信者が送り込まれている実態、カルト宗教の教祖の逝去にメッセージを送る政治家の存在など、カルト問題が真剣に考えられているとはとても思われない。フランスのように、カルトを規制するような法律の成立を期待するのは夢のようなことかもしれない。しかし、わが国ではなぜそのような規制に抑制的なのかは、われわれの宗教観も含め、批判的な観点から考えておかなければならない。

大学におけるカルト：大学の責任と義務

大学で何が起こっているか、これまでわれわれはいくつかの調査を行ってきた。そこから浮かび上がるのは、カルト対策の脆弱性である。2008年の学生部対象の調査では、学内において入会の勧誘問題のトラブルなど、カルト問題が生起したと言う大学（4

年制大学）は40％という数字であった。残りの60％の大学では問題がみられなかったという結果であるが、これは額面通りには受け取れない。大学側が認知していないケースが隠れているとみるのが妥当である。では、大学においてカルト問題に対して何らかの予防的教育や対策がとられているかと言うと、残念ながらそうは言えない。多くの大学では、パンフレットの配布や掲示で済ませていることが多い。しかも、問題事例があったと言う大学と、なかったと言う大学では対応に大きな差異がみられる。予防措置として手間のかからないパンフレットの配布、掲示物、ガイダンス等の対策でさえ、後者ではきわめて少ない。皮肉を込めて言えば、事が起こってから考えようという「余裕」のある姿勢と思えてしまう。本当の余裕ならよいが、残念ながら事が起こってからでは遅い。カルト問題の対策は非常に困難であり、インフルエンザのように学内に流行してしまうのである。大学でさえこのような寂しい状況だが、高校ではさらに危険度は高まる。経済的なカルトへの注意喚起、予防教育はまがりなりに行われているようだが、宗教的なカルトについては全くの無防備と言わざるを得ない。宗教教育の困難さや思想・信仰の自由という縛りもあろうが、あまりにも無関心、まさに触らぬ神にたたりなしの現状である。インターネットを介した布教活動も垣間見られる昨今、年齢や高校生・大学生に関わりなくさらなる予防的教育が求められる。

　もう少し大学のことを考えてみよう。学生がカルトに入ってしまったとき、教員はどのようにすればよいのであろうか。日頃、大学の教員は研究・教育に精力を注ぎがちであり、会議等の雑務にも追われ、学生のカルト問題などに関心がないと言ってよい。しかし、学生を預かる立場として、久保内（2012「大学のカルト対策」）によれば、教員には次のような責任があると考えられる。

（1）学生の宗教選択の自由を守る。（2）在学契約に基づく学生に対する環境整備・安全配慮の義務（未成年者への飲酒禁止等）がある。これが、カルト対策の根拠になるものであり、学生がカルトにはまり、学習への阻害、心身への悪影響を及ぼすような障害を除去しなければならない。（3）保護者・学資負担者に対する責任を負う。（4）社会に対する責任を負う。社会貢献のできる学生を育て、学生を加害者にさせないようにしなければならない。

このような教員の責任があると知らされても、おそらく多くの教員は意識していないというのが本音であろう。その理由として、前述のように教員の日々の忙しさももちろんあるが、櫻井（2006『「カルト」を問い直す——信教の自由というリスク』中公新書ラクレ）の言う「原則リベラリズム」の罠にとらわれて、積極的に学生に向き合おうとはしない姿勢があげられる。原則リベラリズムの罠とは、特定の社会的問題について価値判断を控え、世間に対しては体制に抗い（反抗）、多数派よりは少数派に耳を傾けることで、自分がリベラルであることを証明しようとする態度である。このような考えからカルト問題が起きても教員は積極的に立ち向かおうとせず、学生の自主的判断に任せると、何もしないで体よく逃げてしまうのである。その一方で、もし自分が学生を説得すれば分かってくれるはずだ、考えを変えてくれるはずだと高をくくっている。しかし、悔しいことに実際に学生のカルト問題に直面した経験から言えば、反カルト対策に習熟した学生と対峙すると、教員の自己矜持などいっぺんに吹き飛んでしまう。

現在の大学において教員の職務は想像するより過重である。学生問題の多様化、不適応な学生の増大、学生の学力の低下（接続教育の必要性の高まり）、ネット・リテラシーの問題（LINE、

第 3 章　人権問題としてのカルトそしてマインド・コントロール　71

Twitter など SNS への無防備な書き込み、炎上、いじめ）、そしてカルト問題である。まさに、どこまで続く泥濘ぞ、という思いである。しかし、このまま何もしないで、立ちすくんでいるわけにはいかない。

　幸いなことに、他大学に比してフェリス女学院大学のカルト対策、とくに文学部における対策は進んでいる。例えば、導入教育である「R & R」という一年次前期ゼミ（20 人規模）では、学生部の協力の下、カルト予防教育を行っている。そこでは、JSCPR（日本脱カルト協会）作成の「幻想の彼方へ」や「カルト〜すぐそばにある危機〜」、消費者センター製作の悪徳商法に関するビデオ教材を見せている。また、情報センターの協力の下、ソーシャル・メディアの利用についても警鐘を鳴らしている。

　カルトは怖いが、知識をもって立ち向かえば何も恐れる必要はない。学生にカルト問題を話すと、カルトは怖いというストレートな反応が返ってくる。しかし、カルトを知ろうとせず、ただ恐れて拒否し、目をつぶることは何の役にも立たない。カルトとマインド・コントロール問題への最善の対処法は何か。それは「知識こそ力である、そして対処のためのスキルを身につける」ということに尽きるのである。

　　　　　　　　　　　　　　　　　　　　（わたなべ・なみじ）

第4章

歴史をつくる若者たち：
近現代社会における学生というエージェント

梅﨑 透

　ヴィクトル・ユーゴーの小説をもとにしたミュージカル『レ・ミゼラブル』では、市民が立ち上がり「人びとの歌声が聞こえるか？」（Do You Hear the People Sing?：邦題「民衆の歌」）を合唱する場面がある。これは、19世紀のフランスにあって、圧政に立ち向かい、二度と政府への隷従を強いられまいとする怒れる人びとの声である。このとき、バリケードを築いてその上に立ち、旗を振りながら市民を先導するのは、学生だ。現在の日本では、学生が自ら社会変革を目指す直接行動に参加することは、あまり一般的ではなくなっているのかもしれない。そのためか、2015年に安全保障関連法案の是非をめぐって展開されたSEALDs（自由と民主主義のための学生緊急行動）の活動は、メディアの大きな注目を集めた。しかし、社会変革の担い手（エージェント）としての学生の存在は、大学の歴史とともに古い。とくに近代以降の社会においては、重大な社会変動の場面で必ずその姿があった。

　本章では、アメリカ合衆国の1960年代の学生運動を例に、彼らは何をイシューに、どのような世界観を持って直接行動を起こし、その運動の帰結として何を生んだのか、社会はそれをどのように受け止めたのかを考察する。そこから、現代社会における学生というエージェントの役割と可能性について考えてみたい。ア

メリカにおいては、建国期から市民による異議申し立ての伝統が受け継がれている。政府の不正義に対して対抗的運動を組織すること、市民的不服従の姿勢を表すことは、民主主義社会における政治参加の一つのかたちである。1930年代のニューディール政策によるリベラリズムの質的転換と、福祉国家政策の拡大によって、とくに1960年代には公民権、ベトナム反戦、黒人解放、女性解放などの「対抗運動」が活発に展開された。学生はこれらの運動に積極的にかかわり、キャンパスから社会変革を訴えたのである。ここでは、1968年のコロンビア大学での事例を追い、1969年のニューヨーク市立大学（CCNY）におけるキャンパス・ストライキと対比することで、近現代社会における学生という存在の意味と、そのエージェントしてのパワーを再確認する。

二つのキャンパス「革命」

1968年4月30日未明、ニューヨーク市のコロンビア大学モーニングサイド・キャンパスに1,000人近い数のニューヨーク市警察の部隊がなだれ込み、692名の学生を逮捕した。4月23日にはじまった学生による建物占拠の間の8日間にわたる交渉も実らず、グレイソン・カーク総長は警察の導入を決め、強制的排除に踏み切ったのである。このとき、警察は暴力をいとわず、約100人の学生や活動家が病院に運ばれた[1]。占拠が解かれた教室の黒板には、キューバの革命家チェ・ゲバラのベトナム闘争を世界中に拡大することを謳ったスローガンにまねて、「二つ、三つ、たくさんのコロンビアを」というフレーズが書かれていた。

それから1年後の1969年4月22日、200人あまりの黒人とプエルトリコ系の学生が、黒人住民が多数を占めるハーレムにあ

るCCNYのサウス・キャンパスを閉鎖し、さらに加わった学生やコミュニティの人びとと17の建物を占拠した。学生たちは封鎖したキャンパスに「ハーレム大学」という看板を掲げ、5月5日までストライキを続けた[2]。

それぞれの大学の学生の要求は、「6要求」、「5要求」として明確に訴えられた。コロンビア大学ストライキ調整委員会が発表した「6要求」は、デモに参加した学生の身分を保障すること、近隣の公園での大学体育館の建設を中止すること、大学がIDA（防衛分析研究所）との関係を絶ってベトナム戦争への加担をやめること、そして大学の意志決定への学生参加を認めることが中心に訴えられた。一方、CCNYで黒人学生とプエルトリコ系学生が発した「5要求」では、ニューヨークに住む黒人とプエルトリコ系の自決と参加を目指した内容だった。とくに注目すべきは、黒人・プエルトリコ系研究学部の創設と、入学者の人種構成の是正（より多くの黒人とプエルトリコ系が入学できること）が要求の核になっていた点である[3]。

1960年代アメリカと第三世界

わずか20ブロックしか離れていない二つのキャンパスで、1年違いで起こったこれらの運動は、なぜこれほどまでに特徴的な要求を掲げたのだろうか。ここでは、次の二点に着目する。一つは、グローバルに展開する1960年代の解放運動の波を、それぞれの運動主体がどのように受け止め、いかに自らの問題として表現したのかという点である。もう一つは、1968年から69年に至る歴史的瞬間において、運動を取り巻くナショナル、ローカルな文脈がどのように変化したのかという点である。

アメリカの「1960年代」はアメリカ独自の土壌に生まれた市民的不服従の文脈に成り立っているのだという議論がある。これに対して、第三世界における民族解放運動が、公民権運動や黒人その他の解放闘争に強い影響を与えたことが指摘されてきた。たとえば1954年のバンドン会議、59年のキューバ革命を目撃したアメリカの知識人がこれらに共感し、自ら60年代から70年代の運動へとつなげていったのだという理解である[4]。

1960年代後半までには、アメリカのラディカルな知識人は次の三つの意味において、第三世界をアメリカの現実に対するオルタナティヴとして想像し、理論化した。第一に、第三世界は西洋植民地主義に対するオルタナティヴであり、第二に、冷戦構造の行き詰まり感とそれに由来する政治的抑圧に対するオルタナティヴであり、第三に、アメリカ的生活様式に対する自己決定権を持った生き方としてのオルタナティヴだった。こうした言説は、マルコムXからブラックパワー・ムーヴメント、フリースピーチ・ムーヴメントから反戦運動、そして女性解放運動の中で繰り返し練られ、表現された。この意味において、すでに1968年に至る過程において、世界の解放運動の波を自らの存在に受け止め表現すべき語彙は、若い知識人や学生に用意されていたと言えよう。

コロンビア大学 '68

1968年は、ベトナムでのテト攻勢のニュースとともにはじまった。ニューヨークという都市環境にあるコロンビア大学には、ミシガン大学やカリフォルニア大学バークレー校のように、キャンパス内の大きな学生運動団体は存在せず、学生は近隣大学の学生と連携して反戦運動などを組織した。しかし、キューバへの渡航

を経てコロンビア大学 SDS（民主社会を求める学生）の委員長に選ばれたマーク・ラッドは、ベトナム戦争の激化を懸念する学生を効率的に動員するため、「行動派」グループを組織した。そのころ全国の SDS で主流となっていた、学生を労働運動の前衛とみなす新労働者階級論を捨て、キャンパスに直接行動を持ち込むことを目指したのである [5]。

とり上げるべき問題は二つあった。一つは大学のベトナム戦争への加担であり、もう一つは隣接するハーレムとの境界に位置するモーニングサイド・パークにおける大学専用体育館の建設問題だった。人種隔離的な体育館の問題は、ハーレムのコミュニティにおける人種的尊厳と自己決定権を求める意識の高まりの中で顕在化していた。度重なる交渉で、住民に開放するプールを作るなどの案が出されたが、白人中心のコロンビアの学生と黒人が多数を占めるハーレムの住民が交わらない構造の体育館は、人種隔離的だとして合意が得られなかった。それでも 2 月 9 日に建設が強行され、阻止行動をとった 6 名の住民と 6 名の学生が逮捕された。3 月 24 日には、ラッドも加わり、150 名の学生が住民が企画したデモに参加して「ストップ・ジム・クロウ！」と叫んだ（人種隔離を表す「ジムクロウ」と体育館の「ジム」をかけている）[6]。

1967 年にコロンビア大学に入学した黒人学生は 38 名と、大学全体からするとごくわずかだった。しかし、学内のアフリカ系アメリカ人学生協会は、ハーレムの地域の黒人組織と連携することで政治化していった。キング牧師が 4 月 4 日にメンフィスで暗殺されたことを受けて大学チャペルで開かれた追悼集会では、ラッドはマイクを奪って激しく扇動的に大学を攻撃した [7]。

4 月 23 日、SDS とアフリカ系アメリカ人学生協会は初めて共同で体育館建設現場でのデモを企画、実行し、そのまま建物占拠

第 4 章　歴史をつくる若者たち　77

に至った。もっとも重要な瞬間は、黒人学生がハミルトン・ホールに立てこもることを決め、そこにハーレムの住民が合流し、さらに白人学生にそこから出て行くように要求したときだった。白人学生たちは困惑しつつもホールを去り、その後「黒人学生を見捨てるわけにはいかない」と、他の校舎を占拠した[8]。そして学生たちはそれぞれの建物の代表者からなるストライキ調整委員会を組織し、「6 要求」を作成した。

疑似「革命」空間

　占拠した建物の中では、参加者の一人が「まさにトリップだった」と語るような、擬似的な「革命」空間が生まれた。しかし、その意味合いは、黒人学生と白人学生のあいだで大きく異なった。黒人学生は、人種にもとづく自己決定を建物占拠というかたちで実現した。彼らは、SDS が持ち込んだマルクスやレーニン、カストロが描かれたビラやポスターを壁からはがし、かわりにゲバラや、ブラックパワーを提唱したストークリー・カーマイケル、そしてマルコム X の写真を掲げた。正面ドアには「マルコム X 大学、1968 年設立」という手書きの看板を掲げた。教員として交渉に当たった社会学者のイマニュエル・ウォーラーステインは、彼らは非常に厳格で規律を重視した組織をつくり上げ、さながら旧左翼的であったと語っている（後にウォーラーステインは、68 年の世界的な学生運動を「反システム運動」として理論化した）。建物占拠中には、学生非暴力調整委員会（SNCC）のラップ・ブラウンとカーマイケルが訪れ、大学は「ストリートのブラザーたち」が支援するこの運動を正しく受け止めるべきだとコメントした[9]。

一方で白人学生の態度は、もっと緩やかで、占拠する建物によっても雰囲気が異なった。マセマティックス・ホールには、トム・ヘイドンなど外部の運動リーダーたちが加わった。一部は総長室に立てこもり、大学と IDA の関係を示す文書などを暴露することに成功した。しかし大方の参加者はストライキの政治的目的についてはあまり明確でなく、建物の中では、ロックコンサートあり、結婚式ありと、多分にカウンター・カルチャー的だった。しかしここに彼らにとって重要な「革命」の姿があったとも言える。それは、急進的な政治的革命ではなかった。後に教室で発見された「解放の宣言」にあるように、ミドルクラスの価値観を否定することで、生の解放、生き方の変革を目指す姿が見えた。さらにそこは、ジェンダー関係を再構築し、確認する場ともなったのである[10]。

ストライキでは、世界中の運動との共時的体験としてのつながりが強調された。占拠が解かれ 5 月に入り、パリで学生と労働者がバリケードを築く様子がテレビで報じられると、コロンビア大学のストライキ調整委員会は、コロンビアの学生は決して孤立していないと主張するビラをまいた。そこには「もしわれわれがフランスで勝利するなら、すでに西ドイツ、スペイン、イタリア、日本、ポーランド、チェコスロバキア、そしてここアメリカで歩みはじめた国際運動に新しい命を吹き込むだろう」と書かれた。『毛沢東語録』や南ベトナム解放民族戦線の旗、中国文化大革命のフレーズ「造反有理」(To Rebel Is Justified) がストライキのシンボルとなった。海外の学生運動も共感と共闘を示した。ギリシアの学生は、コロンビア大学の学生に対して、警察暴力を仕向ける同じ企業的、銀行的利害関心が、ギリシアという国全体でファシスト的警察国家をつくり出しているのだと、コロンビア大学の

学生に書き送った[11]。

　最終局面では警察が導入されたものの、結果として、学生が掲げた要求は通り、体育館建設は中止され、IDA との関係も解消されることになった。コロンビア大学の事件は、68 年から 69 年にかけて 500 件以上あったといわれる大学紛争の先陣を切るかたちとなった。また、その感性は、参加学生ジェームズ・クネンの手記『いちご白書』が出版されることで、広く共感を呼んだ。しかし、SDS で中心的役割を果たした学生たちと、その他多くの参加者との間には、その政治的志向性をめぐって温度差があらわれ、キャンパス内での運動は収束すると同時に、リーダーたちはより大きな直接的対決を目指した。マーク・ラッドは、シカゴの民主党大会でのデモに参加し、後に暴力革命を掲げた団体ウェザーマンを結成するのである。

CCNY '69

　68 年春のコロンビア大学ストライキから、69 年春のニューヨーク市立大学（CCNY）ストライキの間に、運動方向性を転換する二つの重要な事件が起こった。一つは、西海岸のサンフランシスコ州立大学での「第三世界解放戦線」の運動だった。アフリカ系、メキシコ系、アジア系、ネイティブ・アメリカンの学生が団結し、大学に対して「第三世界研究学部」の設立を要求し、勝利した。ブラックパワー・ムーヴメントのなかから、アフリカ系アメリカ人研究学部の設置を模索する運動に、他のエスニックグループが合流して目的を達成したのだ[12]。

　もう一つは、ニューヨークのローカルな文脈を規定するもので、ブルックリンのオーシャンヒル・ブラウンズヴィル地区で起きた

市教員連合組合（UTF）によるストライキだった。アフリカ系が多く住むこの地区では、1967年から住民の意思決定を尊重する「コミュニティ・コントロール」が実施されたが、黒人の生徒に黒人の教員を求める住民は、13名の白人教員を一方的に解雇したのだ。これに対して教員組合は、9月の新学期からストライキを決行した。ユダヤ系の多いUTFと黒人住民の対立は、それまでのアメリカ社会で共闘関係にあった二つのグループの関係の変化を意味していた[13]。

　CCNYの学生が要求した「5要求」のうちの一つは、黒人とプエルトリコ系の入学定員の増加だった。ニューヨーク市の高等教育委員会は、66年の時点で、1975年までにニューヨーク市の高校卒業生の100％の入学許可をめざすという方向を打ち出し、大学進学率の低いエスニックグループの学生を大学に入学させるためのブリッジプログラム（SEEK）をすでに拡大させていた。

　もともとCCNYの「5要求」は、1968年11月にキャンパスの白人のニューレフト団体であるデュボイス・ソサイエティがつくり、学生と教員1,600人の署名を集めていた。SEEK出身学生を中心に、次第に政治化しつつあったプエルトリコ系と黒人の学生は、この要求を自分たちのものにすべく自ら組織化を行った。プエルトリコ系学生の政治化にあたっては、スパニッシュハーレムで組織化をはじめたヤング・ローズの影響が強かったと言われる。ここには、コロンビア大学ストライキ調整委員会のフアン・ゴンザレスがいた。キャンパスでは当初、白人ニューレフトを含めた連合が形成され、そのなかから黒人とプエルトリコ系の学生が「10人委員会」を結成して、運動のための言説を学び、戦略を練りはじめた。映画『アルジェの戦い』をヒントに10人規模の細胞（cell）を組織して、ヒットエンドランの直接行動を繰り

返し目的を達成するという戦略がたてられた。また、12 月には
ラップ・ブラウン、ストークリー・カーマイケルらの黒人解放運
動指導者や、UFT ストライキの舞台となったオーシャンヒル・
ブラウンズヴィル地区のコミュニティリーダーをキャンパスに呼
んで集会を行った。2 月には若干の修正を加えて「5 要求」を発
表し、3 月には、わずか全学生の 1％に過ぎないアジア系を含め
るという意味で、「黒人・プエルトリコ系研究」を「第三世界研究」
と言い換えた[14]。

　ついに 4 月 22 日にはサウス・キャンパスの占拠に至った。プ
エルトリコ系とアフリカ系の学生は、校門の黒人守衛に「これは
われわれの子供たちのための闘争だ」と説得した後、ゲートを閉
ざして立てこもり、占拠した建物には、ラップ・ブラウン、チェ・
ゲバラ、マーカス・ガーヴィ、毛沢東のほか、プエルトリコ独立
運動指導者であるペドロ・アリブス・カンポスらの名前を冠した。
ハーレムの住民は食料などを差し入れて運動を支え、アダム・ク
レイトン・パウレル連邦議員なども訪問し、コミュニティのさら
なる支援を呼びかけた。

　多くの白人学生はキャンパスの外で運動への連帯を示したが、
ユダヤ系の団体が裁判所命令を請求して大学再開を求め、5 月 5
日には占拠が中止された。しかし、その後も運動参加学生と保守
学生との間の対立や小競り合いが絶えず、運動は過激化した。こ
れを受けて総長が辞任し、ようやく学生、教員、大学の三者間交
渉が再開された。その結果、入学者の人種別割合について、大学
での交渉では、とくにプエルトリコ系とアフリカ系の入学者に別
基準を用いることで、入学者増をめざす提案が認められた。これ
に対し、『ニューヨークタイムズ』紙は「逆差別」を招くとの社
説を掲載した。ニューヨーク市高等教育委員会もあくまで人種に

よらないカラー・ブラインドな志願者「全入」を指示し、70年から実施することが正式に決定した。「第三世界研究」については、独立した学部ではなく、学科として「都市エスニック研究」が設置されることになった。こうして、要求の核となる二つの目標が達成されることで、運動は沈静化したのである[15]。

学生というエージェント

1960年代の社会運動は、一国にとどまらないグローバルな現象だった。ニューヨークの二つの大学革命でもあきらかなように、学生たちはローカルなイシューを大きな社会問題と結びつけることによって運動を立ち上げた。自らの運動と他の地域での運動を参照する際に重要だったのは、自らが置かれた状況を構造的に理解する語彙だった。第三世界の民族独立からもたらされ、またその分析から生まれた反帝国主義、反植民地主義、そして自己決定といった言説は、コロンビア大学やCCNYの運動の場で自らの「革命」を推進する原動力となった。

もちろん、集合的な自己理解の差異によって、「革命」として強調される点は大きく異なる。コロンビア大学の白人学生にとって、反戦、反人種主義という大義とならんで重要だったのは、第一世界の豊かさのなかで享受するアメリカ的文明観の否定と自己の生き方への決定権であり、それが自らと、国内外の抑圧される者の解放へとつながるのだと彼らは理解した。他方で、コロンビア大学やCCNYの黒人学生、プエルトリコ系学生は、自らを合衆国内の、あるいはニューヨークの中の、「第三世界的存在」(「内なる植民地」)とみなすことで、集団としての尊厳と公正さの回復を求める運動を展開した。「第三世界研究」は、エスニック・

第4章　歴史をつくる若者たち　83

スタディーズと呼ばれるようになり、冷戦の終焉とともに、「第三世界」という言葉自体もあまり使われなくなるが、この言葉に独自の意味が込められたのがこの時代の特徴であったとも言える。

　1968年から1969年にかけてニューヨークに響いた「民衆の歌」は、社会における自らの存在と責任に自覚的な学生たちの声だった。彼らの声は、社会に向けてミドルクラス的価値観の変革をもたらし、大学とベトナム戦争の関係を絶ち、エスニック・スタディーズという学問分野を新設し、入学制度の変更を勝ち取ったのだった。

　社会正義を訴える若者の声は、近現代の世界で、公正な社会を実現する大きな力となってきた。21世紀に入り、グローバル化が進んで新自由主義的傾向がさらに強まる世の中にあっても、「民衆の歌」はやむことがない。あからさまな排外主義に対してカウンター・デモンストレーションをかける日本の若者たち、人種差別を扇動する政治的指導者に対して「黒人の命も大切だ（Black Lives Matter）」と訴えるアメリカの若者たち。そして世界各地で、自らの生にかかわる重要な社会問題をめぐって、将来を担う若者の歌声は響いている。

（うめざき・とおる）

注

1　Fact-Finding Commission on Columbia Disturbances, *Crisis at Columbia: Report of the Fact-Finding Commission Appointed to Investigate the Disturbances at Columbia University in April and May 1968*（New York: Vintage Books, 1968）, 140-142. コロンビア大学大学紛争事実調査委員会著、喜多村和之訳『コロンビア大学の危機：コックスレポート』東京大学出版会、1970年。

2　Conrad M. Dyer, "Protest and the Politics of Open Admissions: The Impact of the Black and Puerto Rican Students' Community (of City College)," Ph.D. Dissertation, City University of New York, 1990, Chapter 3.

3　The Strike Coordinating Committee [SCC], "The Six Demands of the Strike," n.d., 1967-72 Student Protest Papers, Folder E55, Columbiana Collection, Columbia University Library [hereafter, Columbiana]; Dyer, 93.

4　Fredric Jameson, "Periodizing the 60s," *Social Text* 0, no. 9-10 (1984) : 180-184.

5　Mark Rudd, "Notes on Columbia," *The Movement* 5, no. 2 (March, 1969).

6　Roger Khan, *The Battle for Morningside Heights: Why Students Rebel* (New York: William Morrow and Company Inc., 1970), 97.

7　リロイ・ジョーンズの言葉を引用し"Up against the wall, motherfucker, this is a stick-up" と叫んだ。Jerry L. Avorn, *Up Against the Ivy Wall: A History of the Columbia Crisis* (New York: Atheneum Press, 1969), 25-27.

8　Rudd, 7.

9　George Charles Keller, *Six Weeks That Shook Morningside* (New York: Columbia College Today, 1968), 25; Avorn, 127; Arthur Kokot, "Two Black Leaders Support Strikers," *Columbia Daily Spectator*, 27 April 1968

10　"Declaration of Liberation," reprinted in Keller, 69.

11　Strike Coordinating Committee, 29 May 1968, Folder 55, Columbiana; Mark Rudd, "Symbols of the Revolution," in Avorn, 293; University Students of Athens and Slonika, "We Salute You Dearest Friends and Comrades in Arms," Committee for the Preservation of Our Greek Legacy, Folder E52, Columbiana.

12　Angela Rose Ryan, "Education for the People: The Third World Student Movement at San Francisco State College and City College of New York," Ph.D. Dissertation, The Ohio State University, 2010.

13　See, Jerald E. Podler, *The Strike That Changed New York: Blacks, Whites, and the Ocean Hill-Brownsville Crisis* (New Heaven: Yale University Press, 2004).

14　Dyer, 93-115.

15　Dyer, 122-139.

第 5 章

第二の誕生と公共空間：
なくてはならない他者の存在

矢野 久美子

はじめに

　18世紀のドイツの哲学者カントは、1784年に発表した「啓蒙とは何か」という論文で、「あえて賢くあれ！（Sapere aude!）」、自分自身の知性を使用する勇気をもて、と述べた。カントによれば、啓蒙とは「人間が自らひきおこしている未成年状態から外に出る」ことであるが、その「未成年状態」の原因は、知性の欠如ではない。知るという勇気、他人の指示なく自分の知性を使用する勇気、自分で考えるという勇気をもたないことだという。私たちは知らず知らずのうちに他人の指示にしたがい、自分の可能性を台無しにしてはいないだろうか。カントが引用した「あえて賢くあれ！」というのは古代ローマの詩人ホラティウスの言葉であるが、ホラティウスはその後につづけて「はじめよう！」と書いている。はじめれば仕事を半分なしとげたのも同然だ、と。

　本書を手にするみなさんは、すでにまずその勇気へと一歩をふみ出していると思う。「若者が変える社会：フェリスのシティズンシップ教育」というタイトルで、5回さまざまな学問領域からの講義があった。小ヶ谷先生によるイントロダクション「主体的な市民であるとは」につづいて、常岡（乗本）先生が、「私たち

の政治参加」の意味と課題を、日本国憲法の観点から話してくださった。選挙の重要性を具体的に知り、実感することができたのではないかと思う。荒井先生の講義では、三権分立のなかで本来ならばしっかりと力をもって機能すべき裁判所・裁判官が「頼りにならない」日本の実情が、ドイツの司法と比較され、問題点が浮き彫りにされた。渡辺浪二先生の講義では、まさに自分で考えることを奪うカルトやマインド・コントロールが「人権問題」にほかならないこと、それを自覚し大学としても大学生としても知識と対処法を身につけることの必要性が語られた。梅﨑先生の講義では、アメリカ合衆国における「対抗運動」の歴史のなかで、戦争や人種主義に反対する運動主体として、大学という場所、学生というエージェントがもった意義について学んだ。

　ここでは、前半で今までの議論とつなげながら「若者が変える社会」を思想史的に考え、後半ではハンナ・アーレントという政治哲学者の言葉にふれながら、公共空間と個人の出会い、シティズンシップのいくつかの側面を見ていきたいと思う。

若者が変えた社会

　ドイツの司法は、戦後時間をかけて、多くの人々の粘り強い努力によって民主化されていった。みなさんのほとんどは、「アウシュヴィッツ」という言葉を聞いたことがあるだろう。それはポーランド南部の、ポーランド語ではオシフィエンチムという小都市の名前だが、ヒトラーが率いたナチ・ドイツは、そこに巨大な「アウシュヴィッツ強制収容所」をつくり、ユダヤ人、シンティ・ロマ人、同性愛者や障がい者たちを、毒ガスなどで殺戮した。それは、現在ではひろく知られ、ユネスコの世界遺産にもなっている、

人類の「負の記憶」の場所である。ところが戦後のドイツで、このアウシュヴィッツのことが語られない時代があった。

　歴史認識という点で、アジア諸国と摩擦のある日本と比較され、戦後補償や歴史教育が充実しているとみなされることが多いドイツだが、大量殺戮（ホロコースト）を犯した不法国家の「過去の克服」は、けっして自然の成り行きではなかった。第二次世界大戦後、連合国によるニュルンベルク裁判で指導者層が裁かれたが、ドイツ人の大半はそれを勝者による裁判とうけとめ、ナチ時代の不法行為と向き合うことはしなかった。そして冷戦がはじまり東西ドイツが成立するなかで、行政機構や司法界でも元ナチの者たちが要職に復帰し、経済復興が社会の前面に出る一方で、ナチ時代の犯罪は隠蔽あるいは忘却されていった。

　近年日本でも公開されたドイツの劇映画『顔のないヒトラーたち』（ジュリオ・リッチャレッリ監督、2014年、原題は『沈黙の迷宮で』）は、ドイツ人が自らの過去を裁き、歴史認識の転換点となった1963年の「アウシュヴィッツ裁判」に至るまでの経緯を、あつかっている。そこでは、1950年代末にホロコーストについて無知であるドイツ社会や、過去の行為について「命令に従っただけだ」として無反省な元ナチ親衛隊員の様子が、印象深く描かれている。映画の主人公である、正義感あふれる若いエリート検事も、アウシュヴィッツの実情を知らなかったが、膨大な資料や証言者と出会うことによって変わっていく。

　この裁判を率いたヘッセン州の検事総長は、フリッツ・バウアーという実在の人物である。ユダヤ人としてナチ時代は職を奪われ、デンマークとスウェーデンに亡命していたが、戦後帰国し、ドイツの司法の民主化に熱意をそそいだ。「人権に反する法律は無効と言えるほど、人権は重要だ」とし、過去の国家的犯罪が繰り返

されないように歴史と向き合うことの重要性、さらには不法国家やファシズム政権下における不服従の意義などを論じたが、当時の司法界では孤立し、政治的にも疎まれていたという。しかし、彼は若者たちに希望を見いだし、教育的援助を惜しまなかった。

ドイツ社会がナチ・ドイツの過去と向き合っていくプロセスのなかで、若者が果たした役割は大きい。親の世代が何をしたのかを知ろうとした若者たちは、シンポジウムや関連文書の巡回展示会を企画し、元ナチの裁判官や政治家を追及した。1960年代後半には、アメリカ合衆国の学生運動とも呼応するようなかたちで、大学改革・女性解放・ヴェトナム反戦・反核平和などを掲げる「議会外反対派（APO）」運動が展開された。ドイツでの運動の特徴は、政治におけるナチ・ドイツとの連続性、政治の中枢に元ナチ党員がいることを、若者たちが問題化したことであった。大学のキャンパスでも、元ナチの大学教授への追及がおこなわれた。

1968年には、29歳のパリ在住のジャーナリストの女性が当時の西ドイツ首相キージンガーに平手打ちし、即刻逮捕されるという事件が起こった。石田勇二著『過去の克服　ヒトラー後のドイツ』（白水社）によれば、ベルリン出身のその女性は、ナチ・ドイツの犯罪について学校で何も教わらず、家庭でも何も話されないという状況で育ったが、高校を出たあとフランスでホームステイをしたさいに、その家族からホロコーストについて聞いたという。また、その後結婚した相手の父がユダヤ人であり、アウシュヴィッツで殺されていた。ジャーナリストとなった彼女は、元ナチ党員であるキージンガーが首相であることを批判していた。この事件は、社会の注目を集め、作家たちがキージンガー問題をより詳細に著述することにもなった。社会の過去を問う若者たちのまなざし・問いかけは、政治的な動きと連動し、司法改革や政権

交代へとつながっていった。

よそ者（stranger）であり新参者（newcomer）でもある

　若者たちは社会を変える力をもつ。それは、彼らが以前から存在した社会に、ある意味でよそ者かつ新しい者としてやってきて、その社会や制度の自明性を問うことができるからである。インサイダーが気づかない社会の問題が、アウトサイダーには見える。もっとも、世代の交代による変化は、歴史の教訓や他者の存在への配慮を欠くとき、かならずしもよい方向に向かうとはかぎらない。古代ギリシアの歴史家ポリュビオスは、『歴史』（『世界史』）のなかで、国家の政治形態の変容とその循環を論じ、独裁制から民主制へと変わった社会が、その孫の世代でふたたび独裁へと転じる可能性を指摘している。かつて専制からかちとった平等と言論の自由という価値が弱まり、公的問題への配慮と責任感が失われ、そのようななかで権力を渇望する者たちが民衆を煽動するということが起こる。そのとき、「徒党を組み、殺戮、追放、土地の再配分を行う、野獣化された大衆が主人と独裁者をふたたび見いだす」とポリュビオスは書いた。はるか昔、2000 年以上も前の言葉だが、現代に当てはめて考えてみることもできるのではないだろうか。ヒトラーも新しい者として登場した。

　フリッツ・バウアーと同じくユダヤ人として追いつめられ、ナチ・ドイツから脱出したハンナ・アーレントという女性の政治哲学者がいる。彼女はフランスを経由してアメリカ合衆国に亡命し、戦後もドイツには戻らなかったが、アウシュヴィッツのような「人間による人間の無用化」、「けっして起こってはならない」事態が、なぜ起こったのか、どのようにして起こったのかを考えつづけ

た。彼女の分析によれば、ナチ・ドイツやスターリン主義のソ連のような全体主義的支配のもとでは、自由な言論や活動、市民のあいだの語り合いや自由で自発的な行為が禁じられることにより、人々は相互のつながりや信頼を失い、孤立する。孤立した人間は、現実よりもイデオロギーの論理性に依存し、事実とフィクションとの区別、真と偽の区別を見失う。そのようにして現実からも見放された人間が、官僚制によって組織化されるとき、いかなる冷徹で恐ろしいことさえ可能な世界が生じる。

　そうした「終りにさしかかっているように見える世界」を見つめたアーレントだったが、彼女は世界の存続を賭けて、一人ひとりの人間の誕生によって世界にもたらされる新しい「はじまり」の意義を強調した。なぜだろうか。以下、彼女の言葉を読みながら考えてみよう。

　　「はじまりがなされんために人間はつくられた」とアウグス
　　ティヌスは述べた。このはじまりはいつもいたるところにあ
　　り、現れる用意ができている。その継続性は中断されえない。
　　なぜならそれは、一人一人の人間の誕生によって保証されて
　　いるからである。　　　　　　　　　　　　　（『全体主義の起原』）

　ここでアウグスティヌスやアーレントがいっている「はじまり」は、世界のはじまりではなく、個々の「だれか（＝ who）」のはじまりである。一人ひとりの人間の誕生というのは出来事であり、その誕生という出来事によって、その人が生まれる前から存在し、その人が死んだ後も存在する世界に、新しいものがもたらされる。だからこそ人間は何かをはじめる力、自発性をもつのだ、とアーレントはいう。そして、人間の自発性を徹底的に破壊する全体主

義的支配への抵抗は、一人ひとりのはじまり、考えはじめること、語りはじめること、行為をはじめることにしかない、と考えた。彼女はまた、ポリュビオスが変化をもたらす世代の役割に注目しながら、ギリシア人は若者のことを「ネオイ」＝新しい者たちと呼んだと指摘し、人間は「よそ者」にして「新参者」としてこの世界にやってくると書いている。一人ひとりはその人が生まれる前から存在した世界にやってくる。たとえその「はじまり」がもたらすものが予測不可能で不確かだとしても、ときには混乱をもたらすとしても、それを否定することは人間そのものを否定することになる。さらにアーレントは、何かをおこなったり語ったりすることによって他者と共有する世界＝公共空間に入っていくことを、「第二の誕生」とよんだ。

　　言葉と行為によって、私たちは自分たち自身を人間世界にさしいれる。この挿入は第二の誕生のようなものであり、それによって私たちは、自分たちのオリジナルな身体的現れという剥き出しの事実を確認し、ひきうける。　（『人間の条件』）

　若者が新しい市民として自覚的に行為するとき、その若者は新しく誕生しているといえる。もっと身近な次元でも、おそらくみなさんはすでに存在する人間関係の網の目のなかに、新人として登場するという経験をしたことがあると思う。そのとき、何もしゃべらず何もおこなわなければ、自分が「何者であるか」「だれであるか（＝ who）」という唯一無二の人格を示すことはできないだろう。たとえば、私がヨーロッパである学会に参加しているとしよう。もし、だれとも何もしゃべらなければ、私は「アジアの小さいおばちゃん（アジア人の小柄の中年女性）」という外

見でしか登場しない。何か発言したり、何かアクションを起こしたりすることによってはじめて、ひとは個別の人格としてアイデンティファイされるのだと考えることもできる。

他者に頼らざるをえないこと

人と人とのあいだ、人間関係の網の目のなかに登場することであるこの「第二の誕生」によって、他のだれとも異なる個々人のユニークさが、積極的に明らかになる。それはすなわち、それぞれ異なる人びとの現われ、その「第二の誕生」によって、地上に生きる人間の複数性、すなわち差異をもつ多くの人びとが地上に共存しているということが明らかになるということだ。多様性が目に見えるものとなるということである。アーレントは次のように書いている。

> 物や事物の介在なしに人と人とのあいだで直接おこなわれる唯一の行為であるアクション action は、複数性という人間の条件、つまり大文字の〈人〉ではなく複数の人びとが地上に生き、世界に住んでいるという事実に対応する。
>
> (『人間の条件』)

生命を維持するために必要なものを生産する「労働」や、世代をこえて耐久性のある物や作品を残す「制作」といった行為と違って、語ったり何かをおこなったりする「行為」、つまりアクションは、人と人とのあいだで生じる。それは、人間の複数性、すなわち人間が人間という点で同じでありながら、「だれ一人として、かつて生きていた、今生きている、あるいは将来生きるだれかと

同じではない」ことを示しているのである。

　　　人間の複数性は、一人一人の存在がユニークであることから
　　　逆に生まれる複数性である。このユニークな差異を明らかに
　　　するのが言葉と行為である。人びとはたんに異なっているの
　　　ではなく、語ったり行なったりすることによって自分たち自
　　　身を差異化する。それらは人間が、物理的な客体としてでは
　　　なく人びととして、相互に現われあう様式である。
　　　　　　　　　　　　　　　　　　　　　　　　（『人間の条件』）

　先ほどあげた例でいうならば、「アジアの小さいおばちゃん」
である私から、名前や声や何らかの考えをもった存在となるとい
うことである。しかし、こうしたアクションという人間の営みに
とって不可欠なのが、他の人びとの存在である。言葉と行為はそ
の人が何者であるか（＝ who）を示すが、それを見聞きする他
者を必要とする。個々の人格の誕生は、自分の言葉や行為を見聞
きしてくれる他者がいることによって、はじめて可能になるので
ある。
　それと同時に、みなさんに注目していただきたい点だが、私た
ちは現実を把握するために、つまりリアリティを確保するために
も、他者を必要としている。もし、自分が見たり聞いたりしたも
のを、他の人と確認しあうことがまったくできなくなったとした
ら、私たちはリアリティへの自信を保ちつづけることができるだ
ろうか。「私たちが見るものを見、私たちが聞くものを聞いてい
る他の人びとがいるということによって、私たちは、世界と自分
自身が現実であるのだという保証をえる」、とアーレントは書い
ている。つまり、現実、リアリティは、他の人びとと共有する世

界、すなわち公共空間の存在に依存しているということだ。

「公的（public）」という言葉は、「公表する」、「開示する」という意味をもつ。だから人びとの共存に責任をもつべき国家の政治での情報操作や隠蔽は、本来はあってはならないものだが、残念ながら隠蔽がめずらしくないことは、みなさんも感じているだろう。私たちは一人では生きられず多くの人びとと共存しているわけだから、市民として自分たちが共有している世界の現実を把握する権利がある。

さらに公的なものとは、私たちが共有するものでもある。パブリック・スペースといえば、みんなで使う空間、道路とか公園とかホールとか共有のトイレとかをイメージするだろう。しかしそれは共通世界、私たちが共有する世界でもある、とアーレントは指摘し、次のように言っている。

　　世界のなかで共に生きるということが本質的に意味するのは、テーブルがその周りに座る人びとのあいだにあるように、物事の世界がそれを共有する人びとのあいだにあるということである。　　　　　　　　　　　　　　　　　　（『人間の条件』）

その世界は現在の世界・社会でもあるが、現在の世界は過去や未来とつながっている。それは若者が生まれてくる前からあった世界でもあり、変えることができる社会でもあり、その次世代の若者へと手渡す世界でもある。

公的なものを奪われている？

公的＝パブリックの反対語（対義語）は私的＝プライベートだ

ろう。プライベートでみなさんは何をイメージするだろうか。自分の部屋、あるいは家族や友人などの親密な人間関係だろうか。プライバシーの保護といえば、暴露されるべきものではない、保護されるべきものを守るということだ。それも重要な市民の権利である。ところが、興味深いことに、アーレントはプライベートという語には「奪われている」という意味がある、と指摘した。「私的（private）」という言葉には「欠如している（privative）」という観念が含まれていて、それは真に人間的な何かが「奪われている（deprived）」というのである。

　「奪われている」といわれると損をしている気分になるが、何が奪われているのか。人間が完全に私的になるとき、自分のただ一つの主観に閉じ込められ、他の人びとを見聞きすることを奪われ、他の人びとから見聞きされることを奪われる、とアーレントは述べた。つまり、他者や公的なもの、コミュニケーション、他者との交流を奪われているということだ。絶対的な孤独のなかにいるとき、だれにも見られ聞かれないときなどが、その状態として想像できるだろう。極端な孤立や私的状態のなかで、人びとは見捨てられていると感じる。ところが、彼女は画一的な大衆ヒステリーでも人びとは「完全に私的」になる、と述べている。なぜなら、それ以外の物の見方を受け入れないということ、他の物の見方を否定するということ、立場の相違を自覚できないということは、たった一つの主観に閉じ込められていることであるからだ。そのとき、人びとはどれだけ大勢で一塊のように動いているとしても、いろいろな他者と共有する世界を奪われている状態にある。

　最後にもう一つの「奪われている」状態について紹介しておこう。アーレントが『革命について』という本で評価していることだが、アメリカ合衆国の第二代大統領で独立宣言の起草委員で

あったジョン・アダムズは、公共空間から排除されている貧しい
人びとの政治状態について、次のように書いている。

　　　貧者の良心は曇りがないのに、彼は恥ずかしく感じている。
　　……彼は自分が他の人たちの視野の外にあると感じ、暗闇を
　　手探りで歩く。人びとは彼のことを気にとめない。彼は気づ
　　かれることなくよろめき、さまよう。群衆のまんなかで、教
　　会で、市場で……彼は屋根裏か地下室にでもいるかのように
　　無名状態にある。彼は不満をもたれることも非難されること
　　も、咎められることもない。彼はただ〈見られない〉のだ
　　……完全に無視され、しかもそれを知っているのは、耐え難
　　いことである。　　　　　　　　　　　　　　（『革命について』）

　「貧者」は、シティズンシップから排除されている人といい換
えることもできる。それを想像することは痛みをともなうが、見
られない、忘れ去られている、気づかれない、という屈辱を考え
ることは、シティズンシップをまた別の側面から学ぶことにもな
るだろう。あるいは、マジョリティ、多数者が共有する公共空間
には、排除された側のパースペクティブが欠如している、ともい
える。そうした忘れられたものは、現在だけではなく、たとえば
アウシュヴィッツのような出来事にもかかわる。「奪われている」
ことからシティズンシップや公共空間について考えはじめること
は、世界を広げることにもなるのではないだろうか。

　　　　　　　　　　　　　　　　　　　　　　（やの・くみこ）

第6章

「ブラック社会」を生き抜く知恵：
『蟹工船』10の名文句

島村 輝

3・11、東日本大震災が明るみに出したこと

　2011年3月11日午後に発生した東日本大地震津波と、それに続く東京電力福島第一原子力発電所の大事故は、太平洋沿岸を中心とする東北地方の地域社会のみにとどまらず日本社会全体、また国際社会に大きな損害と衝撃をもたらし、発生後6年以上を経た現在でも復旧には程遠い状況を呈している。

　このような文脈のなかで、東電福島第一原発の事故は、「安全を保証されていたはずの原発が、なぜこのような大事故を引き起こすことになったのか」「なぜ東北・福島に、東京電力の原発が存在しているのか」「そもそも原発はどういう背景で作られ、数を増やしていったのか」といったような、日本近代化、とりわけ第二次世界大戦後の日本の政治・経済・社会の根本的な矛盾と問題を、露呈させるきっかけともなった。「原子力村」と国を挙げての原発「安全神話」が、「55年体制」といわれる社会システムのなかで、どのようなからくりの下に機能してきたかということも、今日ではさまざまな角度からあきらかになっている。

1933 年からの展望

　「昭和三陸大地震津波」（1933 年 3 月 3 日、死者・不明者約 3,000 名）が発生する直前の 1933 年 2 月 20 日には、当時の日本を代表するプロレタリア文学者であった小林多喜二が、特高警察の手によって虐殺されるという出来事が起こっている。大地震津波の直後には、出身の東北地方・岩手県をモデルとして、近未来的なファンタジーというかたちで時代相を描き出していった、特異な文学者である宮澤賢治も亡くなった。次第に近代国家としての規模を拡大し、産業社会が進展していくなかでその現状を憂い、将来を見通していたような二人の文学者が世を去るのと期を同じくするようにして、日本は本格的な戦争とファシズムの時代に向い、やがて 1945 年の破滅的な事態を迎えることになるのである。

　多喜二や賢治の生きた時代から、またその後の多くの犠牲を伴った戦争とファシズムの時代から、現代に生きる私たちは教訓として何を学び取ることができるであろうか。もちろん当時と今日では、状況の違いがあることは間違いなく、時代の隔たりを感じる面も少なからずあることは事実である。問題はそうした相違の面だけに気をとられて、本質的に変わっていない、いやそればかりではなく、当時よりも段違いに深刻さを増している面に鈍感になってしまうことにある。本編では小林多喜二の代表作とされる小説『蟹工船』を手掛かりとして、現代の「ブラック社会」の成り立ちとそこを生き抜く知恵の在り処について考えてみたい。

資本主義の行き詰まりと「新自由主義」の採用

　約 10 年前のこと、2008 年の『蟹工船』ブームの中心となっ

た新潮文庫版『蟹工船・党生活者』は、2年間で100万部近くの売り上げを記録し、初刷以来の累計で200万部近くに達した。これほどの売れ行きを示したこの小説を購買した読者層は、どういった人たちだったのだろうか。また、読者たちはどのような意識でこの小説を手にし、読んだのだろうか。

　新聞や雑誌などが取り上げる読者層の中心は、当時20代後半から30代半ばくらいまでの、「失われた世代（ロスト・ジェネレーション）」などと呼ばれることもある年齢層の人々であった。この世代の人々は、バブル経済崩壊後の「新自由主義」的政策の影響を正面から受けることとなった年代である。彼ら／彼女らがくぐり抜けてきた不安定な雇用状況は、1995年に当時の日経連が発表した「新時代の『日本的経営』」に端を発する。

　この文書の中で、日経連は雇用の形態を①長期蓄積能力活用型、②高度専門能力活用型、③雇用柔軟型の三つにタイプ分けし、長期雇用で昇給、昇進がある従来型の①、専門的技能を持つ契約社員である②とともに、期限付きの雇用、時給制で昇給なしの③の型の労働形態の採用を積極的に提言した。これは、従来「終身雇用」「年功序列制」という枠でとらえられていた「日本的経営」「日本的雇用」の中身の大転換を促す呼びかけであり、翌96年から数次にわたって行われた「労働者派遣法」の改正によってこの雇用形態は、トヨタやキャノンのような日本を代表する大企業にいたる、企業社会の隅々にまで浸透していったのだった。

「ITバブル」と労働の過酷化

　2000年代に入ると、インターネットを中心とする情報メディアの急激な普及のなかで、その仕組を「悪用」して巨額の財を

得る人々がクローズアップされるようになった。いわゆる「IT バブル」が喧伝された事態のなかで、その頂点に立ったごく少数の人々が連日マスコミに登場し、メディアもまた彼らを「時代の寵児」のようにもてはやした時期が一時あった。彼らはネットワークを利用した市場操作などで手にした巨利をひけらかすように、六本木の巨大なインテリジェント・ビルに豪華なオフィスを構え、日夜にわたる豪遊ぶりを披露していた。

一方そのような「繁栄」を誇るビル街の足許に、「ネットカフェ」をその日の塒とし、携帯電話一つを持ち物としてその日その日を暮らす「ネットカフェ難民」と呼ばれる人たちも生じていた。

ただでさえ不安定な派遣雇用が広まるなか、さらに「二重派遣」「禁止業種への派遣」「偽装請負」といった、労働者を酷使し、使い捨てにするような違法な雇用形態も、まかり通るような状況が現れ、懸命に働きながら生活を維持することもままならないこうした人々の存在がクローズアップされるようになったことが、『蟹工船』の再評価に結びつくことになったと考えられている。2007 年から 08 年にかけて、派遣業界の大手であるフルキャストやグッドウィルが業務停止命令などの処分も受けている。

『蟹工船』を購買し、共感を寄せる層の中心に、こうした不安定雇用や、そこに起因する貧困に苦しむ世代があった。2007 年から 08 年初頭にかけて開催された『蟹工船』感想エッセーコンテストでも、応募作には、作者自身の経験した、あるいはごく身近にいる人

『私たちはいかに「蟹工船」を読んだか――小林多喜二『蟹工船』エッセーコンテスト入賞作品集』白樺文学館小林多喜二ライブラリー（編著）二〇〇八年二月　東銀座出版社

たちの身辺に起こった、このような不安定雇用のもたらす害悪の実態が、生々しく記されている。

『蟹工船』同様の労働現場

ネットカフェ部門で奨励賞を受賞したT・Hの「ネットカフェの住人」と題する作品は、応募用紙の数枚に消え入りそうな文字で「足場を組んだ高層ビルは　冬の海と同じで　落ちたら助からない／でも落ちていなくても　もう死んだも同然の僕だ。／飯だってまともに　食べれない」といったトーンの詩のような文章を綴ったものだった。この作品が示す情景はまさに『蟹工船』の漁夫たちが置かれた劣悪な環境を想起させる。

筆者自身もこのコンテストの審査に関わり、直接こうした人々の経験を伺う立場にあった。『蟹工船』の読後感を語り合う労働者の集いで、もとイベント関係の仕事についていたという一人の労働者は、自らの経験を次のように語った。

東京でイベントの機材を大型トラックに積み込む作業をし、そのまま夜の高速道路を運転して関西に行く。イベント会場に着いたらすぐに資材を下して設置作業をする。リハーサルに間に合うように大急ぎで済ませ、午後から夜にかけては食事と仮眠をとるが、十分に休息はできない。夜にイベントが終わるとすぐ解体作業、トラックへの積み込みを行い、また夜間の運転で東京に引き返す。

「その夜明け方に近いころだったと思うんだけど、運転してたら道路が大波のようにうねりはじめたんですよ。あれ、地震でも発生したのかな、と思ったけれど、そうじゃなかった。過労でほとんど居眠り状態になっていて、意識しないのにハンドルがブレ

ていたんですよ。車線は乗り越えるし、本当にもう少しでガードレールに激突するか、他の車に衝突してたかという寸前だった。ぞっとしました。トラックと資材を会社に置いて、昼近くにヘトヘトになって帰宅して、妻にその話をしたら、彼女その場で泣き崩れてしまって、『もうそんな仕事はしないで。命がいちばん大事なんだから』と説得されて、で、その会社を辞めることにしました。」

「うねる高速道路」は、まさに『蟹工船』のカムサツカの荒波に匹敵する状態であろう。社会に浸透する新しい貧困層の存在を意識はしていたものの、現実にこのような感想群に接して、筆者を含むコンテストの審査員たちは、事態の深刻さを改めて認識するようになった。そのときの戦慄は審査の結果に反映されているし、またこのような作品群が上位に入賞することによって、『蟹工船』の読者層が持つ中心的意識がどこにあるかを明らかにすることともなった。

「リーマン・ショック」以来の 10 年

その 2008 年、世界はアメリカ合衆国の「サブ・プライム問題」「リーマン・ショック」に端を発する激動にさらされることとなった。「IT バブル」の立役者たちは舞台を追われ、デフレ、不況は一気に社会全体の問題として深刻化していくことになる。当時政権を担っていた自民・公明の連立政権は支持を失い、当時の民主党を軸とする連立政権が 2009 年の総選挙の結果誕生することになった。そして一年間の鳩山由紀夫政権の後を引き継いだ菅直人内閣総理大臣のときに発生したのが、2011 年 3 月 11 日東日本大震災だったのである。

菅内閣は退陣し、野田政権一期を経て、2012年には自民党の安倍晋三が再び総理の座についた。以来5年余り、この間第一次内閣の折には果たせなかった秘密保護法の制定、集団的自衛権の公認化と、それに伴う、日本を新たな戦争へと巻き込む危険性を持つ「安保法制」の策定、さらに2017年6月には「平成の治安維持法」との異名を持つ「共謀罪」の制定と、国会での与党絶対多数を背景としたファシズム的ともいえる政策が目白押しで進められてきた。さらにこの内閣は、2020年を目安に施行するとして、恒久平和の原理に基づく日本国憲法第九条の改悪化を日程に上らせている。一方当初喧伝された「アベノミクス」の経済政策は、国民にその成果を示すには到底いたっていない。アパレル、外食、流通などいくつかの業界では、低賃金と長時間労働などから体調を崩したり、自死を選ぶ者が続出し、「ブラック企業」「ブラックバイト」といったことばが飛び交うようになった。

そうしたなか、日本を代表する広告代理店「電通」の社員であった高橋まつりさんが、2015年暮れに自死するという事態が報じられた。高橋さんは東大卒業後の4月、電通に入社し、インターネット広告などを担当した。本採用となった10月以降、業務が増加し、11月上旬にはうつ病を発症したとみられる。そして12月25日、東京都内の社宅から投身自殺した。労働基準監督署はうつ病発症前一カ月の残業時間は月約105時間に達したと認定したが、それは二カ月前の約40時間から倍増していたのである。

高橋さんの自死は社会的にも大きな反響を呼び起こし、「電通」の経営陣が謝罪する事態となった。また社会全体が「働き方」について、これまで「常識」とされていた状態を再考することを促すきっかけともなった。しかし政府の「働き方改革実現会議」が2017年3月に出した答申には、超過労働時間の上限が100時間

と記されており、「過労死ラインの超過労働の公認化につながる」との大きな批判が巻き起こっている。これが「サブ・プライム問題」「リーマン・ショック」以後10年を経ようとするなか、まさに「ブラック社会」と化した日本の現状なのである。

『蟹工船』と多喜二の目論見

　1929年3月末、六カ月にも及んだ下書きのノート稿をもとに訂正・加筆を施して『蟹工船』を完成させた小林多喜二は、内容についてみずからコメントした手紙を添え、その原稿を当時新進気鋭の批評家であった蔵原惟人に送った。

　「この作は『蟹工船』という特殊な一つの労働形態を取り扱っている、が、蟹工船とは、どんなものか、ということを一生ケン命書いたものではない」「更に、色々な国際的関係、軍事関係、経済関係が透き通るような鮮明さで見得る便宜があったから」と、原稿に添えた手紙に多喜二は記している。いい換えるなら、ここで多喜二が描こうとした対象は、事物としての蟹工船そのものではなく、その「特殊な一つの労働形態」の背後にある、より一般的・普遍的な政治・経済の仕組みであり、直接には、植民地や未開地における搾取の実情・圧倒的多数の労働者が未組織である実態・帝国主義戦争の本質、およびこれら相互の関係といった事象であった。

　多喜二が蔵原へ宛てた手紙のなかで執筆意図として先に述べたような言葉を記した背景には、蟹工船をめぐる生々しい事件と、その事件を表面に浮かび上がらせている政治・経済の複雑な関係とを、労働者大衆が知る必要があるという、多喜二の問題意識があった。『蟹工船』を書くにあたって、小林多喜二が目論んだの

は、まさにこのような社会全体の「ブラック」化が、どのような有機的関連を持って進んでいるのか、という点を、小説という形式を通じて明らかにすることだった。そうしたことを背景におくと、この作品の発表に伴って起こったさまざまな出来事を通じて、こうした事実や背後関係を伝えようとするジャーナリズムの流通の場をめぐる権力との闘争の場に、多喜二が深く関わっていくことになるのは、必然の道筋でもあったということができる。

『蟹工船』10の名文句1〜5

1　「おい、地獄さ行ぐんだで！」

　作品冒頭の印象的な一句だ。漁夫たちがこれから乗り込む船は、この世ならぬ「地獄」なのである。漁夫や雑夫たちの基本的人権など認めない経営陣と監督とに、好き放題の虐待と搾取を許すのは、それが当時の国内法からも切り離された、大海に浮かぶ、隔絶した閉鎖空間だという条件からだった。さらにそこには「お国のため」という大義名分が付され、そのような蟹工船を守る、という名目で、帝国海軍の駆逐艦が警備にあたっている。

2　蟹工船は「工船」（工場船）であって、「航船」ではない。だから航海法は適用されなかった。

　そして同時に、「船」であって「工場」ではないから「工場法」も適用されない。まったくの無法地帯として、この「蟹工船」という場はある。現代の「ブラック企業」「ブラックバイト」でも、事実上労働基準法がまったく無視されたような運用が横行していることは、先に見た通りだが、少なくとも今は法制度とそれを企業側に守らせる権利が労働者にある。「蟹工船」と違うのはそこだ。

現代の労働者には、まだそこに一矢を報いる道が残されているのだ。

3 「俺初めて聞いて吃驚したんだけれどもな、今までの日本のどの戦争でも、本当は——底の底を割ってみれば、みんな二人か三人の金持の（そのかわり大金持の）指図で、動機だけは色々にこじつけて起したもんだとよ。」

　国への忠誠を名目とすることは、戦争で利益を得る利権集団の常套的科白である。現代世界で起こる戦争とて同様だ。戦争は自然災害とは異なる。起こそうと計画し、判断する為政者、そこから利権を得る集団がいるからこそ起こるのである。日本国憲法はそのような前提の下で「戦争放棄」「戦力の不保持」を定めたはずなのだが、それがまさに突き崩されようとしているのが現代日本なのだということを、改めて考えさせられる。

4 「殺されるッて分ったら？　馬鹿ア、何時だ、それア。
　　——今、殺されているんでねえか。小刻みによ。」

　直接に暴力をもって搾取されてはいなくとも、また徴兵によって戦争に駆り立てられていなくとも、労働者の肉体と精神を苛み、働けなくなるまで、生きていくことに絶望するまで働かされること、それはまさに「小刻みな殺人」の被害者になっているということだ。あまりにも多い「うつ病」「自死」は、ここに原因している。

5 水夫と火夫がいなかったら、船は動かないんだ。——労働者が働かねば、ビタ一文だって、金持の懐にゃ入らないんだ。

　当たり前のことだが、労働者が労働力を提供するからこそ、生産が成り立つわけである。労働に対する正当な報酬を要求するこ

第6章 「ブラック社会」を生き抜く知恵　107

とは、だからまさしく労働者の、侵すべからざる権利なのである。そのことを、働く人々は心から誇りに思っていいはずだ。

『蟹工船』10の名文句6〜10

6　「ストライキやったんだ」

　「ストキがどうしたって？」

　「ストキでねえ、ストライキだ」

　「やったか！」

　「そうか。このまま、どんどん火でもブッ燃いて、函館さ帰ったらどうだ。面白いど」

　吃りは「しめた！」と思った。

　「んで、皆勢揃えしたところで、畜生等にねじ込もうッて云うんだ」

　「やれ、やれ！」

　「やれやれじゃねえ。やろう、やろうだ」

　バラバラに分断されていたのでは、強い力に逆らって抵抗し、権利を要求することはできない。「やろう、やろうだ」。蟹工船の労働者たちは、閉鎖空間で寝食を共にしているだけに、団結するときはあっという間に事が進んだが、現代の労働者たちはさまざまな意味で個別に切り離されてしまっている。しかしそれでも団結して交渉する権利はある。一人でも加入できる労働組合、今はそうした存在もあるのだ。

7　「駆逐艦が来た！」「駆逐艦が来た！」という興奮が学生の言葉を無理矢理にもみ潰してしまった。

　皆はドヤドヤと「糞壺」から甲板にかけ上った。そして声を

揃えていきなり、「帝国軍艦万歳」を叫んだ。

8　「俺達には、俺達しか、味方が無えんだな。始めて分った」
　「帝国軍艦だなんて、大きな事を云ったって大金持の手先で
　ねえか、国民の味方？　おかしいや、糞喰らえだ！」
　いったんは監督らを窮地に追い込んだように見えたこのストラ
イキも、会社側の要請をうけて介入した「帝国海軍」によって弾
圧され、代表者たちが着剣した水兵に検束されることで敗北して
しまう。ここで労働者たちは「色々な国際的関係、軍事関係、経
済関係が透き通るような鮮明さで見得る」現実に直面したのだ。
敵は誰か？　味方は誰か？　そしてそのてっぺんには、誰がい
る？

9　「俺達の本当の血と肉を搾り上げて作るものだ。フン、さぞ
　うめえこったろ。食ってしまってから、腹痛でも起さねばい
　いさ」
　『蟹工船』の随所に見られる「過剰な比喩」はあるものと別の
ものとを強引に結びつかせる。そこでは一つのイメージが、別の
もう一つのものと重ね合わされ、入れ替わるような奇妙な効果が
あらわれる。「蟹缶」は「糞紙より粗末」に扱われる。それは「俺
達の本当の血と肉を搾り上げて作る」ものだ。その「俺達」漁夫
はといえば「糞壺」に押し込められ、まさにその身体は「糞」と
化している存在なのである。
　もうお分かりだろう。「献上品」に「石ころでも入れておけ！」
というのは、まだ穏やかで上品な表現なのである。これは「糞喰
らえだ！」という、近代天皇制を背景にした、当時の資本主義・帝国
主義の日本そのものに対して発せられた、深い呪詛に他ならない。

第6章 「ブラック社会」を生き抜く知恵　109

10 「本当のことを云えば、そんな先きの成算なんて、どうでも
　　いいんだ。──死ぬか、生きるか、だからな」
　　「ん、もう一回だ！」

　そして、彼等は、立ち上った。──もう一度！
　駆逐艦を見たとき涙を流して喜んだ労働者たちは、この一件で
軍隊の本質を学び、やがて再び闘いに立ち上がっていく。「臭い」
「きたない」とおとしめられた労働者の反抗は、かえって人間ら
しさを取り戻すための尊い闘いに反転していく。「地獄」に落と
された労働者たちが、「人間」としての誇りをもって、現実社会
に再生する、これはその物語なのだ。

現代の「ブラック社会」を生き抜く

　表面的には当時と今日では国際関係も、産業の実態も大きく
変っているように思われるかもしれないが、当時このような状況
を作り出していた、世界化した資本主義は、根本的にはその仕組
みを変えずに今日はさらに大規模に、この世界を覆っている。し
かもそのことのもたらすさまざまな矛盾や不幸は巧妙に隠蔽さ
れているのが実情である。『蟹工船』とは違った意味で、現代の
労働者たちも「生命を的」の状況にあり、うつ病や自殺に追い込
まれる人々も少なくないのである。殺されてたまるか！多喜二が
全身全霊を賭して記した『蟹工船』の名文句を力に、この「3・
11」後の「ブラック社会」を生き抜いていこうではないか。

（しまむら・てる）

第7章
近代民主主義と市民：
日米文化比較の観点から

渡辺 信二

そもそも、「市民」とは何なのか

そもそも、「市民」とは何であり、なぜ「市民」であることが重要なのか。

オムニバス講義「若者が変える社会：フェリスのシティズンシップ教育」がすでに7回行われていたので、クラス冒頭でじぶんを「市民＝シティズン」だと考えている者がどれくらいいるのか、手をあげてもらったが、突然の質問に戸惑ったのか、出席者50名くらいの中で、「市民」だとすぐに手をあげた人は、3名ほどであった。

これはある意味で、日本全体の現状を反映しているのだろう。というのも、日本語の「市民」は、実は、非常に限定的で相対的に使われている。すなわち、日本語の「市民」は、通例、行政上の区分としての「市民」であって、国民、都民、道民、府民、県民、町民、村民と並ぶ「市民」である。じぶんは、たとえば「横浜市民」であるかもしれないが、単なる「市民」とはなかなか思えない。単なる、とは、つまり、絶対的な意味での、あるいは、英米的な意味での「市民」である意識が非常に薄い。英語の「シティズン」（citizen）、英米の文化や歴史における「シティズン」

（citizen）、の意味については、後で時間のある限り説明するが、「市民」意識が希薄であるからこそ、逆に言えば、今の日本の高等教育において、近代デモクラシーの基本である「市民＝シティズン」（citizen）とは何かについて考え、個々の学生が「市民＝シティズン」（citizen）」として自覚的に育っていくような「シティズンシップ教育」が重要なのだと言えよう。

リベラル・アーツ教育＝市民教育

フェリス女学院大学は、ミッション系の大学である。ホームページには、「建学の精神：「真理と平和を」！　フェリス女学院は、キリスト教の信仰に基づく、女子を対象とする教育を行うことを建学の精神としています」とある。フェリス女学院大学の学則第1条にも、「キリスト教を教育の基本方針となし、学問研究及び教育の機関として、女子に高度の教育を授け、専門の学問を教授研究し、もって真理と平和を愛し、人類の福祉に寄与する人物を養成することを目的とする」と明記されている。言葉として学則には現れないが、こうした教育は、リベラル・アーツ教育と言われている。他のミッション系大学と全く同じである。

以下に、他のミッション系大学の学則を引用したが、基本は、キリスト教精神に基づく教育によって、人格陶冶しながら、市民を育て、平和、民主主義を達成しようとしている。

東京女子大学学則第1章　目的　第1条　東京女子大学（以下「本学」という。）は、キリスト教を教育の根本方針となし、学問研究及び教育の機関として、女子に高度の教養を授け、専門の学術を教授研究し、もって真理と平和を愛し人類

の福祉に寄与する人物を養成することを目的とする。

津田塾大学総則第1条　この大学は女子に広く高度な教養を授けるとともに、専門の学術を教授研究し、キリスト教精神により、堅実円満にして自発的かつ奉仕的な人物を要請することを目的とする。

神戸女学院大学学則総則第1条　本大学は、キリスト教の精神を教育の基本とし、知識を探求し、技芸を修得し、敬虔にして自由なる学風を樹立し、もって民主的教養と国際的理解とを有するキリスト教的女性を育成することを目的とする。

立教大学学則第1章　総則　第1条　本大学は、キリスト教に基づく人格の陶冶を旨とし、学校教育法により学術の理論および応用を教授研究し、その深奥を究めることを目的とする。

青山学院大学第1章総則（目的）　第1条　青山学院大学（以下「本学」という。）は、青山学院の一貫した教育体系の最高の機関として、キリスト教精神に基づき人格を陶冶しつつ、高度の教養を授けるとともに、学術の理論及ひ応用を教授研究し、もって社会に奉仕し、文化の進展に寄与する人物を養成することを目的とする。

明治学院大学学則第1章総則　第1条　明治学院大学は，基督教による人格教育を基礎とし、広く教養を培うとともに、深く専門の学芸を教授研究し、知的応用能力を発揮させるこ

とを目的とする。

　これらの学則を、国立系大学の学則と比較するならば、その違いに愕然とするだろう。ここでの引用は省くが、国立系大学の学則は、組織や運営からはじまるものが圧倒的に多く、教育目標に触れるものは教育系などに少数見られるに過ぎない。これは、国立系大学が国家に資する人物の育成を目的としているためである。例えば、一橋大学学則の第1章総則（目的）第1条には「この学則は、一橋大学（以下「本学」という。）における学生の修業年限、教育課程その他必要な事項を定めることを目的とする」と記述されている。これは、東京大学でも同じであったが、やっと平成15年になって「東京大学憲章」が制定された。その冒頭の「学術」に関する記述2項を以下に記すと、

I　学術

　1　（学術の基本目標）　東京大学は、学問の自由に基づき、真理の探究と知の創造を求め、世界最高水準の教育・研究を維持・発展させることを目標とする。研究が社会に及ぼす影響を深く自覚し、社会のダイナミズムに対応して広く社会との連携を確保し、人類の発展に貢献することに努める。東京大学は、創立以来の学問的蓄積を教育によって社会に還元するとともに、国際的に教育・研究を展開し、世界と交流する。

　2　（教育の目標）　東京大学は、東京大学で学ぶに相応しい資質を有するすべての者に門戸を開き、広い視野を有するとともに高度の専門的知識と理解力、洞察力、実践力、想像力を兼ね備え、かつ、国際性と開拓者的精神をもった、各分野の指導的人格を養成する。このために東京大学は、学生の個

性と学習する権利を尊重しつつ、世界最高水準の教育を追求する。(「東京大学憲章」)

せっかく開学後120年を経ての「憲章」制定であるのに、ここには、教養涵養や人格陶冶などの教育目標がない。そもそも、教育目標への言及が冒頭にないし、市民として教育を受ける個人の視点がない。第2項では、「大学で学ぶに相応しい資質を有するすべての者」を入学させると明言しているが、「相応しい資質」が何かを明らかにせずに、それらをすでに有することが入学の前提になっている。基本的にこの「憲章」は、大学ファーストであり、大学が「世界最高水準の教育・研究を維持・発展させること」を目標としている。しかし、実はそれは、学問研究の結果であって、目標とすべきことではないだろう。これでは、「世界一」を求めるどこかの首相のような言い方にしか聞こえてこない。

では、国立大学と違って、なぜ、ミッション系の大学は、人格陶冶、平和、民主主義、あるいは、教養の深化、平等の徹底、基本的人権の確立を目指すのか。これは深く、キリスト教と関係している。そもそも、フェリスが、専門学部教育に先立って、あるいは、並行して、語学教育、教養教育、文学教育を必須科目として課している理由は何なのか。

欧米で、教養教育とは広い意味での文学教育であり、文学教育とは教養教育である。そして、それが、リベラル・アーツ教育と呼ばれる。それは、じぶんとは何か、じぶんがどう生きてゆくのかについて考えることである。

自己探求は自由の証である

　じぶんが一体何者なので、どこから来てどこへ行こうとしているのか。

　この問いが一人ひとりのテーマであり、実は、学問の根本でもある。真理の探究と言い換えてもよい。古代ギリシアの哲学者ソクラテスをはじめ、中国古代思想家の孔子や孫子、日本で言えば、道元など、それぞれ文脈は異なるが、紀元前からずっと、西欧でも東洋でも日本でも「己を知ること」が人間の永遠のテーマのひとつであった。そして、リベラル・アーツは、この「己を知ること」を促す、それぞれがそれぞれの責任において自己探求を行うように促してゆく。

　リベラル・アーツの「リベラル」は、ご存知の通り、自由を意味するが、この「自由」とは何だろうか。

　「自由」の「自」は、じぶんのことを意味する。

　「自由」の「由」は、「理由」、「由来」、と使われる言葉である。

　つまり、「自由」とは、「自ら理由なり」、「自らが由来である」、「由って来るのはじぶんであり、あるいは、じぶんそのものが理由である」、と読み解ける。言い変えれば、「自由」という言葉には、アカウンタビリティ、すなわち、説明責任が含まれている。理由を言語化することである。そういう意味が、この「リベラル」には、初めから入っている。

　そして、リベラル・アーツとは、「自由人＝市民のための科目、業、技芸」であった。英語の少し大きめの辞書を引けばわかるが、「アーツ」には、「学問の科目」あるいは「教養科目」という意味が含まれている。

　もともと、このリベラル・アーツという概念が生まれたのは、

ヨーロッパ中世の頃だったが、その頃は、7つの科目があった。「自由7科」と呼ばれていたが、さて、どういう科目なのか、想像がつくだろうか。当時の西ヨーロッパには、今で言うローマ・カトリックしかなかったことも考慮して、想像してみるといいだろう。

実は、このリベラル・アーツは3科と4科に分かれるのだが、

3科とは、文法、論理、修辞。つまりはラテン語を学ぶ。

4科とは、天文学、幾何、算術、音楽である。

最初の3科は言葉を、4科は自然を対象としている。ちなみに、古代ローマ帝国の頃の教養科目は、ギリシア語、哲学、論理学、修辞学、歴史、数学、地理、天文学であったと言われる（塩野七生『ローマ人の物語』14巻、169頁）。キリスト教の視点から言えば、リベラル・アーツ3科は、神の言葉『聖書』を読むこと、そして、4科は、神の創造物「自然」を読むことを目的としていた。音楽があるのが不思議かもしれないが、音楽とは、天上の星の奏でる神聖なるハーモニーを意味する。フェリス女学院大学には音楽学部があるが、諾なるかなである。

そして、この3科と4科の最終的な目標は、神によって創られた人間とは一体何者であるのか、いかにして神の創造物である自然の中で、世界の中で、生きてゆくべきなのかを考えることであった。現代的な意味で、リベラル・アーツと言えば、人格陶冶、知的鍛錬、個人の確立と言えよう。あるいは、じぶん探しの旅に出ることだろう。これは大きく、人間を相対化して宇宙や地球規模の視点から一つの種としての人間を捉えなおす視点でもある。フェリス女学院大学を含めたミッション系大学にとって、「己を探求すること」、そのために「自由」であることが、とても重要な意味を持つ。

「読むこと」の重要性

　では、具体的にリベラル・アーツ教育とは何か。これを一言で言うと、当たり前のことだが、「文字を読む」、「言葉を読む」そして「データを読む」ことである。本であれ、ネット上であれ、他の人が書いたものを「文献として読む」ことからすべての学びをはじめるのが、大きな意味での文学である。詩や小説だけが文学ではない。

　リベラル・アーツとりわけ人文学の教育の基本は、「読むこと」に尽きる。一冊の本をきちんと「読む」こと。これができればすべてに応用ができる。対象が、一冊の本から社会現象や、コンピュータ上のデータに変わっても、いかようにも対処できる応用力が身についてゆく。

　今人気の学問のひとつに社会学があるが、社会学も、文学系、人文学系で鍛えた「読む」力の応用であった。社会学は、概略、変遷する歴史や時代、また、現実社会から様々な情報やデータを「読む」能力が重要である。

　そもそも、社会学の創始者と言われるオーギュスト・コント（1798-1857）は、実は、19世紀フランスの思想家・歴史家・道徳家、そして宗教家であって、社会学者ではなかった。人文学の素養をもとにしながら、「社会の秩序と進歩の両面を事実にもとづいてとらえる実証主義」によって、当時の激動するフランスの姿から未来を探ろうとしたことが社会学という学問分野をもたらしたのだった。

　経済学は、大雑把に言って、近代経済学とマルクス経済学、そして19世紀終わりから盛んになった数量経済学に分かれるが、少なくとも，前者の2つは、源が人文学であった。

近代経済学の祖と言われるアダム・スミスは、経済学者ではなくて、人文学者だった。大学では道徳論、修辞学、純文学、論理学、道徳哲学などを教授していた。彼が労働の重要性、国民全体の経済的な向上を願い、当時の現状を「読んだ」上で書いたのが、『国富論』(1776 年) である。この『国富論』は、奇しくもアメリカ独立宣言と同じ年に刊行されているが、これ以降、主要国の経済政策の基調となったと言われている。

同様に、労働が生む剰余価値の視点から資本の本質を分析し、資本主義の歴史的性格を解明しようとしたマルクス経済学もまた、フォイエルバッハからヘーゲルに遡ることのできる哲学的な系譜に位置づけられてきた。

人文学・人間学への信頼：フランスとドイツを例として

人文学への信頼が現代にも生きている実例を 2 つ紹介する。まず、フランスの電力会社の話である。2005 年 3 月 6 日の毎日新聞に載っていた記事なのでもう古い話になるかもしれないが、フランスでの電力発電は 8 割を原子力でまかなっていて、大量の放射性廃棄物が出る。この処分に困っているわけである。地層深く埋めてしまえと言う意見があるが、反対も強い。というのも、放射能の半減期の関係で、10 万年先までの安全を確保しておかねばならないからである。が、現在生きている人間にそうした安全を保証できるのかと問われる。さてこのとき、我々日本人なら、誰に調査を依頼するだろうか。この問いを 5 秒間考えてみて、さて、その答えはどうであろうか。多分、科学者とか専門家と答える人が多いだろうが、しかし、フランスの電力会社が調査依頼したのは、実は、科学者ではなくて、哲学者であった。驚くが、と

ても興味深い話である。フランスは、すべてのバカロレア（大学入学資格認定試験）の冒頭に哲学の科目を置く国なので、確かに国柄の違いがあるかも知れないが、人文学、人間学の判断への信頼が見て取れる。10万年先の遠い未来を「読む」ことができるのは、科学ではなくて、人文学、人間学による思索である。ただし、フランスでは、日本と同じで、2016年現在、原子力公社や政治家が原子力発電維持や推進へ向けて、強く発言しているのが現状である。なお、2017年マクロン氏が新フランス大統領に選ばれたことで、原発依存から脱却する路線が継承されると見られる。

　2つ目の例は、ドイツである。ドイツのメルケル首相は、元物理学者で原発推進派だったが、2011年の福島3・11原発事故・炉心融解事故の後に、老朽化した原発8基を即時停止し、残りの9基についても2022年末までに停止することを決めた。以下、熊谷徹「脱原子力を選択したドイツの現状と課題」（『ポリタス』16/04/11閲覧。Web.）から引用しつつ紹介すると、メルケル首相は福島事故が起きると、まず、原子力発電の専門家らが構成する原子炉安全委員会（RSK）に、国内の全原発について、いわゆる「ストレス・テスト」を実施させた。この委員会は、「ドイツの原発には、停電と洪水について、福島第一原発よりも高い安全措置が講じられている」と述べ、「原発を直ちに止めなくてはならないという、技術的な理由はない」という結論に達した。

　同時にメルケル首相は、哲学者、社会学者、教会関係者ら17人の知識人からなる「倫理委員会」も設置し、文明論的な立場から長期的なエネルギー政策についての提言を作成させた。委員には、社会学者や、カトリック教会、プロテスタント教会のメンバーが多く加わった。公聴会では大手電力会社の社長などエネルギー業界の専門家も発言の場を与えられたが、提言を執筆した委員に

は、原子力技術のプロや電力業界関係者は一人も加わっていない。この倫理委員会は、RSKとは対照的に、原子力に対して否定的な結論を出す。「福島事故は、原発の安全性について、専門家の判断に対する国民の信頼を揺るがした。このため市民は、"制御不可能な大事故の可能性とどう取り組むか"という問題への解答を、もはや専門家に任せることはできない」と述べ、原子力技術者に対する不信感を露にした。そして「原子炉事故が最悪の場合にどのような結果を生むかは、まだわかっていないし、全体像をつかむことは不可能だ。原子炉事故の影響を、空間的、時間的、社会的に限定することはできない」と指摘。2カ月の討議の結果、2021年までに原発を廃止し、よりリスクの少ない太陽光や風力エネルギーの拡大にあてる方が賢明であると政府に提言し、メルケル政権は、この提言をほぼ完全に受け入れて、法案を作成することとなった。

　このフランス、ドイツにおける人文学・人間学の重視は、原発関連に限ったことではない。欧米では、人文学・人間学に対して驚くほどの信頼が置かれている。10万年先の遠い未来を「読む」ことができるのは、科学ではなくて、人文学、人間学による思索なのである。これに比べて、現在の自民党政府は、どのような対応をしているだろうか。あるいは、世間はどうだろう。そもそも文学は役に立たない、お金にならない、と言っている人が少なくない。しかし、「文学など役に立たない」と言って、人文系の学問を大学から減らしたり廃止しようとするのは、言語道断である。第一、役に立つか立たないかを測る物差しは、何だと言うのか。いかに稼げるかであるのか。金儲け主義の視点からのみ、人間を、学問を測ってよいのだろうか。

　フォルクスワーゲンや三菱自動車の不正が明るみに出ている。

最近の東芝の不正会計や、日産、スバルの不正検査、神戸製鋼所のデータ改ざんの話も酷いものである。以前には、食品業界でも偽装があった。元データが無くて謝罪したノーベル賞学者の山中伸弥教授も含め、医学系の論文の多くで、データの使い回し等が行われているという衝撃的な報告も発表されている。

　そういう世の中でよいのか、と警告を発するのは、やはり、人文学系、社会学系であろう。アメリカ合衆国やイギリス、ヨーロッパの大学で教育の基本はすべて、人文学であり、教養教育であった。日本はむしろ、もっと人文学や教養教育を強めなければならない。

言葉は、世界を切り開く

　文字とか言葉は、単なる道具ではない。道具である一面も否定はしないが、英語をツールだと思っているなら、それは英語を話す人間をツールだとみなすに等しい。言葉は文化、言葉は表現であり、言葉は、世界を切り開いてゆく知識である。言葉は認識であり、世界をどう読むかを表す。

　言葉は道具のみにあらず。そもそも、批判精神がなければ、じぶんたちが支配されてしまう装置となる。文字とか言葉が単なるコミュニケーションのツールでよいのなら、わざわざ高い学費を払って大学で語学を勉強することはない。もっと簡単な方法があるだろう。

　大学で、未知の言葉、新しい言葉を学ぶのは、それが世界を広げ、新しい見方をもたらすからである。同時に、既知だと思っていた世界を再訪することでもまた、新しいことが発見される。読む対象は、たとえば、『聖書』『神曲』『ハムレット』『源氏物語』

『ガリア戦記』『コーラン』『史記』『エミール』などから現代の村上春樹やインターネットを含む新しいメディア文献まで、人類の財産である古今東西すべての文献である。「読む」観点から言えば、Twitter や Facebook、LINE などさえも取り上げることが可能となる。こうした資料・史料から多くを学ぶ。そうして、じぶんの国のこと、他国のこと、学校のこと、教育のことを考える、小さな子どもたちのことを考える、人間とは何かを考える、じぶんとは何かを知るための一環として、詩や小説、エッセイなどを書いてみる。こうしたことすべてが、リベラル・アーツの学びである。

　繰り返すが、ミッション系の大学は、自由の学府であり、リベラル・アーツをその教育の基本としている。この自由の学府において学んで欲しいのは、人が人であるために最低限必要なこと、すなわち、自由であること、じぶんとは何者なのかを考え、言葉で説明できることである。じぶんの過去を読み、思索し、じぶんの未来を読むこと。この「読む力」を養うのが肝要である。この力を身につけて初めて、人は個人として自立してゆく。

　そう、個人として自立すること。もちろん、自立は孤立ではない。これこそが「市民」となるための眼目である。

いかにして、われわれが「市民」となるか

　このクラスでの大きな課題のひとつは、いかにして、われわれが「市民」となるか、である。

　キリスト教的に言えば、あるいは、歴史的に言えば、「市民」であることは、クリスチャンであることとほぼ同義であった。聖書の有名な箇所のひとつに、山上の垂訓があり、「あなたがたは世の光である。丘の上の市は隠れようがない」（"Ye are the light of the world. A city that is set on an hill cannot be hid," *King James Version*）という箇所がとりわけ有名であるが、これは、マサチューセッツ湾岸植民地の指導者ジョン・ウインスロプが 1630 年に引用しボストン建設の理念として以来、アメリカ合衆国の理念を担うものとして、ケネディ、レーガンなど様々な大統領によって引用・言及されてきた。

　この市民意識は、「神の下にすべての人間は平等である」という信念、個人には創造主によって与えられた決して奪われることのない権利が与えられているという信念、に支えられ、イギリスにおいては、ピューリタン革命（1642-49 年）を成功させ、アメリカにおいては、抵抗権までを含む基本的人権を謳った独立宣言（1776 年）として結実している。

　イギリス、アメリカなど欧米諸国では、基本的人権意識を育むための具体的な教育が義務教育から行われている。その典型のひとつが、ディベート教育だろう。ディベートは、近代デモクラシーの基本である。そして、歴史的に有名なディベートには、英国ピュータン革命期の「パトネー・ディベート」（1647 年）、米国 19 世紀「リンカン・ダグラス・ディベート」（1858 年）などがある。

　アメリカ合衆国、英国、ニュージーランド、オーストラリア、カナダなど英米系の国家は、そのホームページをチェックするとすぐにわかるが、「国民」という概念を用いない。すべて、"U.S. citizen," "British citizen" というふうに、個人を第一の発想とする。あるいは、移民の人たちにアメリカ人になるための手続きを説明するページでも、新たに取得するのは、国籍ではなくて、"citizenship" である。言い換えれば、アメリカ人、イギリス人たちは、都会に住んでいようと、人里離れた山の中に一人住んでいようと、「市民」なのである。聖書から言えば、「丘の上の市」に

住む「市民」なのである。

翻って、日本ではどうだろうか。

確かに「市民意識」は、歴史的には、キリスト教と強い結びつきを持ってきたので、非キリスト教国である日本で「市民」となるには、相当の努力が必要であろう。しかし、クリスチャンでなければ、「市民」になれないはずはない。知的努力が全てを解決する。時間はかかるが、市民たること、基本的人権に自覚的であること、じぶんのであれ他者のであれ、人権の侵犯を誰にも許さないこと、市民意識こそが議会制民主主義、立憲主義の基本であると学ぶこと、これは、現日本国憲法の下で、われわれの義務であり、権利である。そして、こうしたことを学ぶのが、大学、とりわけミッション系大学、に学ぶ者の務めであろう。神の下、万人がすべて市民として平等であり自由であることが、出発点であり、かつ、最終目標である。弛まざる不断の努力が必要なことは言うまでもない。

確かに現状、日本政府は、「市民」＝基本的人権を持つ者、という概念を嫌っているように思える。例えば、日本政府の国籍取得のためのホームページを参照すれば、英語版であっても、"citizen" という言葉を使っていない。日本政府発行のパスポートにも英語部分があるが、そこにある言葉は、"national" であり、やはり、"citizen" ではない。そもそも、あの「山上の垂訓」の日本語訳であるが、何種類もある日本語訳の聖書はほとんどが「丘の上の町」と訳している。現日本国憲法でさえ市民という言葉を使っていない。第13条において、「すべて国民は、個人として尊重される」と規定している。これを、2016年6月現在提示されている自民党憲法改正草案では、さらに「市民」意識からの離脱を促すかのように、「全て国民は、人として尊重される」と変

更するように提案している。

　こうした日本の現状の中で、いかにして市民たりうるのか。基本的人権を最大限に保証している現日本国憲法は、「この憲法が国民に保障する自由及び権利は、国民の不断の努力によって、これを保持しなければならない」としているが、どういう形や方向で努力するのが有効なのだろうか。おそらくは、こういう問いに真正面から取り組む者が「市民」として育ってゆくのであろう。

　日本の現状において、いかにして、じぶんたちが市民でありうるのか。われわれはつねにこの問いを至る所で問い続けなければならない。

（わたなべ・しんじ）

第8章
ベートーヴェンとショパン、自由への行程

堀 由紀子

はじめに：自由な発想への第一歩を踏み出す

　生れたばかりの赤ちゃんは本能そのものであり、その時々の快・不快や欲求を全身で伝える。それから徐々に、助けがなくても生きられる身体能力、次いで知識や能力を身につけ、社会の一員となる。どんな人間も、外部との一切の関わりを遮断しない限りは、ある限定された地域と社会において子供の頃から教育を受け、一人前の社会人になるべく育つ。新聞、テレビ、雑誌、インターネットなどのメディアからも、昼夜を問わずさまざまな情報を受ける。この資本主義の世の中では、人は出世や名誉、豊かな財力を欲するなど、自身のさまざまな欲に翻弄されがちだ。流れに任せて無意識に日々を過ごせば、他人の思惑や社会の価値観に支配された人生を送ることになると言っても過言ではない。

　外から影響を受けること自体は悪いことではない。影響や刺激を受けることがなければ、思考はたまり水のように淀むだろう。自らの成長のために良い影響を求めることは必須だし、新しい刺激はものを考えるためのきっかけともなる。ただ、自分が常に何かから影響を受け、また周囲にも何らかの影響を与えながら生きているということを認識できれば、自分の中に育った先入観や、それに基づいて持つことになった価値観、すなわち自分が無

意識に受けていたある種の束縛に気づく。そこで初めて、自由な発想への第一歩を踏み出せる。意識をそこに向けないということは、既成の価値観をそのまま受け継いで生きることになるからだ。まずは、自分が当然と思っていることや、受けている教育でさえも、すべて疑ってみよう。慣れ親しんだ思考回路に光をあてて検証するということだ。

　ここでは、「あたりまえの自由」を喪失し、人としての幸福を奪われ、深い絶望を味わったにもかかわらず多くの人の心の琴線に触れ、精神を高揚させる音楽を創った二人の作曲家の仕事を観察しながら、社会を変える力について、また、個人に何ができるのかを考えてみたい。

クラシック音楽への入り口を見つけよう：クラシック音楽はなぜわかりにくいのか

　難しい、わかりにくい、敷居が高いなどと言われるクラシック音楽。他のジャンルの音楽に比べて愛好者も少ない。今日ここにいる皆さんも、それほど馴染みがないようだし、ここで急に大作曲家の仕事の内容について話されても困ると思うので、本題に入る前に、まずはクラシック音楽をわかりにくくしている原因を一緒に考えてみよう。

1）背負う歴史や文化、価値観が違う

　クラシック音楽は、今の私たちから見ると異なる時代、異なる文化圏において生成したものであり、日本人とは根本的に異なる価値観を持った人間が作っている。だから、創作の背景を知らなければその面白さは理解しにくい。私たちの文化圏で生まれた歌

舞伎や能ですら、ある程度の知識がなければ楽しめないのと同じだ。

2）時間を使う芸術である

作品の再現には、定められた時間の経過を要するが、その時間は流れる水のように過ぎ去り、流れ方も他人（演奏者）任せである。また。録音されたものならば聴き直すことはできるが、すべてが瞬時の連なりによって形づくられており、手元には何の痕跡も残らない。これに対して文学や美術の作品ならば、立ち止まって読み直したり、観察したりすることができる。

3）再現者を必要とする

再現されなければ、作品を体感することができない。演奏者が楽譜に記されたことを解釈し、新たに表現し直す必要がある。ほとんどの場合、演奏するのは作曲者本人ではないため、必ずしも正しく解釈されているとは限らない。作品は生まれた瞬間から作者の手を離れて生育を続けるので、作曲者本人ですら、自作を解釈し直す必要が生じたりもする。

4）「音楽語」によって作られているうえに、一曲が長い

クラシック音楽は、一般の言語体系とは異なる独自の文法を持つ。音楽は万国共通語であると言われるが、これは単純かつ短いメロディーに限って言えばそうかもしれないが、ある程度の文法がわからなければ、少し長い作品では迷子になること必定だ。また、作品は何らかの形式を持っているが、「ソナタ」「交響曲」など、形式名そのものを曲名とすることも多いため、それがどのような形式なのかわかっていないと、極めて抽象的でとらえどころがな

い。唯一の区切りの単位である「楽章」も、いくつかの段落に分かれているとはいえ、それを休止などで区切ることもなく演奏されるため、よほど慣れていないと、今自分が聴いている部分が曲中のどのあたりなのか見当がつきにくい。文学ならば、短編小説、俳句、戯曲などという名前から作品の構成の見当はつくし、段落ごとに目で見てもわかりやすく区切られていることが多い。国語と音楽では義務教育での学習時間の桁が違うし、言葉は普段の生活で使われているので、馴染み方が全く違う。

　ポピュラーなど他のジャンルの音楽が親しみやすい理由は、何と言っても曲が短く形式も単純なので、何回か聞けば覚えられるからだ。童謡や、小学校の音楽の時間に繰り返し歌った歌なども、誰でもいくつか覚えていて口ずさむことができるだろう。知っているメロディーを聴くと懐かしい感じがする。商業音楽の場合も同じで、曲をヒットさせるために度々宣伝されるため、耳にする機会が増えて、身近なものとなる。コマーシャルソングなど、好き嫌いは別として、誰でも一つ二つは聞き覚えのあるフレーズがあると思う。

　さて、思いつくままにクラシック音楽が馴染みにくい理由を挙げてみたが、これだけ多くの壁があれば、難しく感じない方がおかしい。ここでは皆さんにちょっとした「とっかかり」を用意しているので、諦めずに、今しばらく私に付き合ってほしい。

クラシックの作品に馴染むためのコツ

　ある程度以上の規模を持つ曲は、「モティーフ」（動機）を基に作られる。モティーフとは、曲が生命を持つための細胞のような

もので、作曲家はその積み重ねや変化によってメロディーやフレーズを作っていく。皆さんがそのことを知っていて、その曲のモティーフを聴き取ることができれば、作曲家と共に曲を旅することができるし、曲想の小さな変化も楽しめる。

モティーフについては後で具体的な例を挙げて説明するが、見つけ方としては、ちょっと聴いてみて少しでもとっつきやすいと思える曲があればCDやネットなどでその音源を手に入れ、曲の冒頭の部分だけを何度も繰り返して聴いてみると自分なりの入り口が見つけられるはずだ。慣れてくれば、モティーフやその変化が少しずつ聴き取れるようになり、全体の関連性が見えてくる。

一つの作品は、音の高さ、リズム、和声などを順次変化させて作られるが、ここで取り上げるベートーヴェンは、いくつかのモティーフを核として、その繰り返し、積み重ね、拡大・縮小、変容を経て、最終的に一つの大きな「有機的な」まとまりを持つものとして完結させることをめざした人だ。彼の曲を聴く人は、そのエネルギーの生成過程を曲の流れと同時進行で観察・体験できる。彼の創作は飽くことなき実験の過程そのものだと言える。もう一人のショパンも、音やリズムの素材を余すことなく使い切ることにこだわった作曲家である。これから、彼らが背負っていた背景を知ると同時に、モティーフを手掛かりとして彼らの作品を観察してみよう。

ベートーヴェンの仕事

背景と曲作りの特徴

ルードヴィッヒ・ファン・ベートーヴェン（1770 〜 1827）は、古典主義を起点に独自の道を開拓し、ロマン派への扉を開いた人

だ。1770年に、ケルン大司教・選帝侯の居城であったドイツの片田舎ボンに生まれ、宮廷楽団に勤めていた祖父や父親の影響で幼年時代から多彩な楽曲に触れた。18世紀の前半にはバロック時代のバッハやヘンデル、後半には古典派と呼ばれるハイドンやモーツァルトが活躍していたが、彼はそれらの音楽がひっきりなしに演奏される環境に育った。モーツァルトのオペラ『ドン・ジョヴァンニ』の演奏には、自身もチェンバロやヴィオラの演奏で参加する。幼少の頃に彼が師事したネーフェは、文学や哲学に傾倒する知識人だった。1789年にフランス革命が起こった時、ベートーヴェンはボン大学での啓蒙主義に根ざした啓発的な講義に熱心に耳を傾ける若者だった。王侯、貴族、教会の強権支配から解き放たれた自由で平等な市民像が明確になり、人権に対する鋭敏な意識が生まれた時代に、若者ベートーヴェンは、カント、シラー、ゲーテ、シェイクスピアの作品に親しむ。

モティーフの使われ方

「運命」の名で親しまれる第5交響曲第1楽章冒頭の「タタタタ〜ン」、これは一般に「『運命』の動機」と呼ばれ、ベートーヴェンの他の作品においても頻繁に顔を出しているが、このモティーフを徹底的に使ったこの曲は、彼の濃密に凝縮された楽曲構築への意志そのものと言える。(授業ではここで、交響曲第5番ハ短調作品67の第1楽章より第1主題を演奏した。)

冒頭でたたみ掛けるように2度奏される「タタタタ〜ン」の一対が、この曲のモティーフであり、これによってベートーヴェンの音楽的な思考がはじまる。モティーフは、その方向性が定まるやいなや、独自の法則に従って動こうとするので、作曲家は曲を作る人であるとはいえ、その生き物がうまくまとまろうとする

のを助ける舵取りのような役目をも担う。

　ベートーヴェンが古典的な形式、例えばソナタ形式を用いて曲を作る時には、音楽の内容がもたらす強い伸張力によって、形（フォーム）そのものが変形していく。内側からの圧力で必然的に形が少しずつ変わるのだが、もちろんそれが彼の狙いなのだ。慣習や先入観にこだわらず、内容と形式のもたらすこのせめぎ合いを徹底的に表現したことが、彼の仕事の大きな特徴である。ちなみに、第5番と並行して作られた交響曲第6番、こちらは田園風景からインスピレーションを得て生まれた曲だが、そのモティーフは、第5番と同じく4つの音から成るほぼ同一のリズム音型を、音の並び具合を変えて3回組み合わせたものである。組み合わせ方がほんの少し違うだけなのに、この二つの交響曲は何と異なった表情を持つことだろう。

ピアノソナタ第17番ニ短調 作品31の2（1801年〜02年に作曲）

　さて、22歳で田舎町のボンからウィーンという都会に出てきたベートーヴェンは、しばらくはハイドンに習っていたが、ほどなく独立、最初はチェンバロ（ピアノの前身で、バロック時代はオルガンと並んで鍵盤楽器の主流だった）の奏者として、次いで発展途上のピアノによる即興の大家としてウィーンで名を轟かせる。難聴が進行した1802年、31歳にして湯治の村ハイリゲンシュタットで遺書を書くが、ここでは「音楽家としての絶望から自殺まで考えたが、自分には芸術家としての強い使命があるので、その実現に向かって努力することにした」という彼の決意が述べられている。『新編 ベートーヴェンの手紙』（上）（小松雄一郎編訳、岩波文庫1982年）に遺書の全文が載っているので、ぜひ読んでみてほしい。彼はこの遺書を書く少し前に「自分はこれまでの仕

第8章 ベートーヴェンとショパン、自由への行程 133

事では満足できない。全く新しい道を行くつもりだ」と友人に宣
言し、作品 31 の 3 曲のピアノソナタを作曲している。

『テンペスト』という呼称で知られるピアノソナタニ短調作品
31 の 2 は、後に彼の秘書的立場にあったシンドラーによると、「こ
の作品を理解するにはシェイクスピアの戯曲『嵐 (The Tempest)』
を読むことだ」とベートーヴェンが彼に語ったそうだ(『ベートー
ヴェン事典』東京書籍 1999 年による)。この真偽のほどは定か
ではないが、『嵐』のあらすじを簡単にまとめると、ミラノ公国
の王で学術にたけたプロスペローは、弟の裏切りに遭って無人島
に流されて絶望と失意のうちに日々を過ごしていたが、機が熟し
たある時、魔法の力(これは学術を極めたことの比喩であろう)
を使ってわざと嵐を起こし、裏切り者たちの一味をこらしめ、そ
の心根の誤りをいさめ、平和な世を取り戻すというものである。
この戯曲とピアノソナタ作品 31 の 2 には、ベートーヴェンがこ
の作品からインスピレーションを受けたと考えるのに難くない内
容の一致がある。第 1 楽章の、荒れた海に翻弄される帆船を連
想させる描写(人間の荒れ狂うような激情や揺れ動く心を映すも
の)、それに対する見事な対比としての、または対立する仮定と
しての第 2 楽章の凪いで優しい海(調和のとれた美しい精神世界、
これは人間にとって徳が何よりも大切であると考えていたベー
トーヴェンの理想郷であろう)、そしてそれらの総括としての第
3 楽章では、穏やかな航海を想起させるような、又は優しくまろ
やかに時を刻むかのようなリズム型が、終始一貫休むことなく繰
り返される(さまざまな悩みを克服し前進し続ける人間の姿が目
に浮かぶようである)。

第 1 楽章の冒頭には、ある必然性を持った動き=摂理のよう
なものと、それに対して揺れる人間的な心情=払拭できない不安

や怒りのようなものが、いくつかのモティーフとして現れる。（授業ではここで、ピアノソナタ第17番ニ短調作品31の2の第1楽章を演奏した。）

ソナタ形式について

　ソナタ形式は、古典主義の時代から非常に重宝された形式で、ソナタや交響曲、協奏曲、室内楽の作品の第1楽章はこの形式によって作られている。ピアノソナタという名前の曲を聴く時には、これがどんな形式かを知っていると理解しやすい。なぜこのように長きに渡って作曲家たちがこの形式を大切に継承してきたかと言えば、形式自体の起承転結が明確であるため、まとめやすく、内容を盛り込みやすいからだ。

　ソナタ形式で作られた楽章は、提示部、展開部、再現部という3つの部分から成るが、提示部では、まずは第1主題、次いで第2主題というように、その曲の主役となるいくつかの主題（テーマとも言う。主役となるメロディー）が提示される。これらは、対照的な性格を持つことが多いが、互いに関連を持つこともある。作曲家の腕の見せ所は、いかに主題をうまく配置し、それらが互いに関わることによって内容に奥行きと拡がりを与え、さらに発展する可能性を持たせることができるかということだろう。提示部は、本来繰り返して演奏されていたが、最近では繰り返しを省略して演奏されることが多いので、残念なことにその曲を初めて聴く人は主題に馴染み親しむチャンスを奪われている。展開部ではその主題をさまざまに展開（変化、変容）させ、さらに進んだ思考や感覚を呼び起こすのだ。再現部では原則として主題の原型を再現させることによって、安堵や納得という感情を喚起させると共に、作品としての構築美が生まれる。ソナタ形式は人間の美

意識や思考回路に無理なく働きかけ、知性と感性の両面から人を納得させるのに適した形式であると言える。この楽章だけですべてを表現し尽くせば、そこで完結することもあるが、大抵はいくつかの楽章を追加し、作品としての幅と奥行きを拡げている。

ショパンの仕事

背景と曲作りの特徴

　フレデリック・ショパン（1810-49）は、民族主義の萌芽と共にワルシャワ近郊に生まれ、祖国ポーランドをめぐる当時の政治状況に翻弄された人だ。20歳で追われるように祖国を離れ、ウィーン、シュトゥットゥガルトを経て翌年パリに亡命、以降、二度と祖国の土を踏むことができなかった。ロマン主義を代表するショパンは、極めて古典的なフォームを用いることで逆に自己の個性を際立たせることに成功した作曲家である。

　彼は、憂愁を帯びた切なく甘いメロディーによってピアノの詩人と呼ばれ、その病弱さや、年上の愛人ジョルジュ・サンドとのエピソードなどから、優雅で貴族的な、どちらかというと軟弱な印象で受け止められがちだが、作品をよく観察すると、巌をも砕かんばかりの強靭な個性と妥協のない創作の方向性がはっきりとみえる。自らの天性と使命を自負していたショパンの作品は、若いうちから完成度が高く、オペラで大々的にヒットすることが重要と思われていた地域と時代において、ピアノという楽器で歌うメロディーを作ることに終始した。異国で作曲家として生き残るにはどうすればよいか。若い彼は、ワルシャワ崩落という失意のどん底におかれても、そのことを考え抜いたことだろう。パリの同業者たちとは異なる自身の個性を、作曲の仕事に生かすしかな

い。ピアノの演奏にたいそう秀でていたこと、魅力的なメロディーを作るのが上手だった彼の強み、そして愛する祖国ポーランドの民謡や懐かしい民族舞踊のリズムを曲に生かせば、神経質で仰々しいことが苦手で、演奏も華奢で大ホール向きではなかった彼であっても、他の追随を許さない個性的な仕事ができると考えたのだろう。

初期の作品（1829 年〜 35 年にかけて作曲）

ワルシャワ時代に作られたピアノ協奏曲やノクターンは、ショパン天性の歌心と独特の和声の変化により、若かりし彼の心情やポーランドの自然を彷彿とさせる。（授業ではここで、ピアノ協奏曲第 1 番ホ短調作品 11 の第 1 楽章冒頭を演奏した。）

また、ロシアの圧政に対抗するワルシャワの市民蜂起の興奮や絶望までも曲作りのバネにするかのように、パリに到着後、数年をかけて完成させたのがバラード第 1 番である。（授業ではここで、バラード第 1 番ト短調作品 23 を演奏した。）

24 の前奏曲 作品 28（1836 〜 39 年にかけて作曲）

メロディーメーカーと言われるショパンだが、決して少なくない数の曲において、モティーフまたは断片的な素材に強烈に固執する方向性を見せる。ここでは、それが明確に現れている曲に焦点をあててみる。例えば『24 の前奏曲』における極小のフォームを持つ 24 曲の連なりは、日本の俳句集を思い起こさせるが、メロディーにおいてさえ、執拗なまでに同音や同一の動きが繰り返され、それだけ取り出して聴いたのでは意味がわからないほどだが、やはり極限まで無駄を排した伴奏の和声変化によって表情豊かに紡がれていく。その様子をみてみよう。（授業ではここで、

前奏曲ホ短調作品28の4を演奏した。）

ピアノソナタ第2番変ロ短調 作品35（1837～39年にかけて作曲）

　これは規模の大きい作品である。ベートーヴェンの第5交響曲と見紛うほどに、極小の単一モティーフを多用している。第1楽章ではソナタ形式を固守しつつ、しかし続く3つの楽章を含めたソナタ全体としては、極めて個性的な、破格の構築性と内容を持つ。（授業ではここで、ピアノソナタ第2番変ロ短調作品35より、第1楽章を演奏した。）

ベートーヴェンとショパンがめざしたこと

　さてここまで、かたや古典派の巨匠ベートーヴェン、もう一方はロマン派を代表するショパン、と、ほとんど関係がないと思われがちな二人の作曲家の仕事ぶりをみてきたが、素材を余すことなく使い切ることに意欲を燃やしたところには大きな共通点がある。彼らが創作においてめざしたことは何だろうか。形式（フォーム）と内容との関わり方に視点を絞ってみると、ショパンはフォームに考え得るギリギリの束縛を加えたことで、そこから外に出ようとする音楽の生命の輝きをとらえようとしたのではないか。私には、ここに彼の人生や宿命が重なっているように思える。形に制限をかけて束縛した結果、音楽の、そしてショパン自身の、自由への切迫した憧れが力強く現れ出て来るのを感じる。それに比してベートーヴェンは、フォームを突き上げて内から変形させるエネルギーを作り出し、自由を能動的に謳いあげたと言える。彼らの個性は非常に異なっていても、形式と内容がはらむ緊張を音に表すことについては、同じくらいに強靭な意志を持っていたこ

とが窺える。共に逆境に置かれたからこそ、創作における圧倒的な集中力を発揮したのではないか。二人は芸術家としてイデーを実現させる形を探し、そこに濃密な内容を表現することに成功したが、自身のレヴェルを常に超え続けた彼らの仕事は、200 年たった今もなお、海を越えた小さな島国の我々にまで生きる勇気と喜びを与え続け、人の精神が努力次第でいかなる高みにも到達することができるかを示している。

　皆さんは、自分にはそんな大層なことはできないと思うかもしれない。しかし彼らにしても、自分にできることを、こつこつと徹底してやっただけなのではないだろうか。ここから結論を導き出すとすれば、自己実現がすなわち、何らかの形で社会のためになるという構図を作ればよいのではないだろうか。さざ波で十分ではないか。自分からはじまり、ごく身近な人、その人たちとの繋がりを手繰っていけば、世界中の人々は皆繋がっている。自分が絶え間ない連鎖の中に生きて社会を形成していることに意識を向けよう。全体を良い方向に向かわせるのは、他ならぬ個人の在り方、考え方なのだと思う。近いところでは日本、ここは思考する権利と自由を持つ一人の人間が 1 億数千万集まって作っている社会なのだ。

教養を身につける＝人格を育て、共生の意識を持つ

　一人の人間の考え方や行動は、その人の周りにほんのわずかな、あるいは、とてつもなく大きな影響を与え得るし、また逆に周囲からも同じように影響を受けてしまう。自らの意志によるのではなく偶然に投げ込まれてしまったこの場所（私たちの社会）の状況について、そこで生きる意味について、よく考えてみてほしい。

誰もが皆、それぞれの幸福を追求する権利があるならば、他者は自分自身でもあるのだ。社会の一員としての自覚と責任を持つためには真の教養が必要であり、各自が一生をかけて自分を育てていく必要がある。土が痩せていては美味しい果実は実らないように、社会の土を豊かなものにしなければ個人の充実もない。

　共生社会において自己を実現するためには、悩み多く欲望に振り回されがちな「人間」について知ることが必要不可欠であり、その智慧こそが、生きていれば必ず降りかかってくるさまざまな試練に立ち向かう際の大きな助けとなるはずだ。真の教養とは、「思考するためのツール＝言葉」を与えられた唯一の動物として、そのツールを存分に生かし、多様な価値観を持つ人間同士がお互いの自由を尊重しつつ人類の幸せを考える指向性そのものかもしれない。

　私に限りなく大きな影響を与え、育ててくれた二人の芸術家、ベートーヴェンとショパン。彼らの考えたことや創作の内容に、皆さんが少しでも興味を持ってくれたとしたら嬉しく思う。皆さんのそれぞれが、自分を育ててくれるものを探し、見つけ、豊かな人生を歩んでほしい。

（ほり・ゆきこ）

注

　　以下のライブ録画を YouTube に掲載しています。

1　この授業の録画「若者が変える社会」：https://www.youtube.com/watch?v=yRHy5mZB8a0

2　ベートーヴェン：ピアノソナタ第 17 番ニ短調 op.31-2（全曲）の録画
　　「堀由紀子のベートーヴェン」：https://www.youtube.com/watch?v=WMG7YFjpgL4

第 9 章

女性の身体をめぐる闘い：
ワイマール共和国時代ドイツ、
妊娠中絶禁止法と女性たち

田丸 理砂

わたしのおなかはわたしのもの

　1930 年前後のドイツの女性が書いた文章を題材に、妊娠中絶について一緒に考えたいと思う。けれどここで取り扱うのは、その良し悪しではなく、また生命倫理の問題でもなく、女性の身体はそもそも誰のものか、という問題である。

　「わたしのおなかはわたしのもの（Mein Bauch gehört mir）」という言葉は 1970 年代、当時の西ドイツで起きた妊娠中絶合法化運動のスローガンとなった。ドイツばかりでなく女性運動において妊娠中絶がつねに中心的なテーマとなってきたことは、「女のからだは彼女以外の誰かのもの——男のものでも国家のものでも宗教のものでもなく、女自身のものであり、女の自立や解放は、その自分のからだについて知ることから始まるという主張」[1] と関係している。

　1871 年にドイツ帝国の成立とともに法律が整備され、こうしたなか妊娠中絶した妊婦およびそれに係わった者を罰する妊娠中絶禁止法、刑法 218 条が制定される。その後、改正が繰り返され、刑は軽量化されてはいるが、東西ドイツ統一後も妊娠中絶禁止法

自体は無くなっていない。もっとも東ドイツでは1972年に中絶は合法化されていたが、統一後は西ドイツの法律が継承された。

妊娠中絶合法化を求めてドイツでは、1931年のワイマール共和国時代と1970年代に大きな運動が起きているが、ここではわたしの専門であるドイツ文学的に1930年前後の妊娠中絶をめぐる問題に迫ってみたい。というのも1930年前後に書かれた文学作品やルポルタージュなどを読んでいると、思いのほか望まない妊娠に女性たちが対峙する箇所に出くわすことが多いからだ。

ここではまず最初に、わたしたちが自明のものとして受け入れている「生命」や「胎児」のイメージが歴史的に作られたものであることを示し、そもそも妊娠中絶禁止法の何が問題なのかを整理したい。またワイマール共和国時代の妊娠中絶禁止法、刑法218条への反対運動を概観する。そしてそのうえで妊娠中絶禁止法に異論を唱える女性たちの言葉を考察したい。

公共の場としての女性の身体

妊娠中絶の問題を考えるとき覚える違和感は、なぜ中絶を決断した妊婦自身が法的な裁きの対象になるのかということから生じる。感情的には中絶に反対する人も多いかもしれないが、中絶に反対と、妊娠中絶禁止法を一緒にしてはならない。倫理と法律はかならずしも一致しない。たとえばあなたが自死は倫理的には悪いものだと感じても、自死した人はその行為自体によって法的に裁かれることはない。そして当事者ではない第三者に妊娠中絶を女性のエゴイズムと断罪する権利はないのだ。

「わたしのおなかはわたしのもの」というスローガンは、その身体の持ち主である女性に、身体への権利がないということへの

異議申し立てである。妊娠中絶について語られるとき、多くの場合、その身体の持ち主である女性が蔑ろにされている。女性の身体は妊娠の事実が発覚したとたん、彼女みずからの意志では決められない社会的なものとなり、その身体の持ち主である女性は、その身体を持つがゆえに法によって裁かれうるのだ。

　それでもやはり中絶という言葉に抵抗感があるとしたら、それはわたしたちの周囲には胎児のエコー写真のイメージや胎児と生命を結び付ける多くの言説に溢れているからだろう。とはいえエコー写真の存在する以前と以後とでは、そもそも胎児が同じように認識されていたとは考えにくい。

　ドイツの歴史学者バーバラ・ドゥーデンは『胎児へのまなざし』のなかで、胎児と生命を結び付ける考え方それ自体が近代社会に作り出されたものだという。かつて妊娠、出産は、女性の間の出来事であり、胎動を感じたという女性の自己申告によって妊娠が確認され、産婆が出産を取り仕切っていた。しかし19世紀頃から「科学」という名のもとに妊娠、出産は男性の支配する医学の領域へと移り、女性たちはしだいにみずからの身体を奪われていく。そして近代国民国家の成立とともに、女性たちは家庭での家事、出産、育児などの再生産労働の担い手として私的な領域へと押し込まれ、他方、国民を産む母として期待された女性の子宮は公のものとされていく。

　　家族生活、家事労働、母性、保護の必要性、婚姻上の依存性といった新しく見つけ出された自然的条件が、法律、教育、道徳の力をかりて女を「私的な領域」へと追い込む、その一方で女の腹は科学的に、そしてまた専門家の介入によって公共の子宮となる。女の体はひとつの場所となり、そこでは国

家、国民の健康、国民の身体や、また教会や夫に直接関係の
ある出来事が起こる[2]。

　そしてその結果としてドゥーデンは、その時点での現況（本書
の出版は 1991 年）は以下のようだと指摘する。

　　…母胎は操作の領域となってしまった。だから、母胎につい
　　て語るやいなや、ただちに、その監視、擁護、扶助が計画され、
　　——このように言うのはとても心が痛むことなのだが——女
　　たちが自分の胎内について語ったり体験したりすると、すぐ
　　に「女の胎内」で生成しつつあるものは公共のプロセスにさ
　　れてしまう。女の内奥は、見られ、干渉され、決定される領
　　域となっている。

　　しかしまた、母胎は研究者や当局者や道ゆく人びとのまな
　　ざしに恥ずかしげもなくさらされただけではない。さらに、
　　ドイツ連邦議会やアメリカ再洗礼派やローマ法王、そして「善
　　意」の人びとは母胎に神聖な地位を与えようとしている[3]。

　こうした状況は近年の出生前診断の普及によって複雑化してい
るが、わたしたちがここで共有したいのは妊娠する女性の身体が
歴史的な経過をたどって公のもの、つまり「公共の子宮」となっ
てきたことであるので、出生前診断の問題についてはここでは触
れない。

ワイマール共和国時代の妊娠中絶合法化運動

　ワイマール共和国時代のドイツでは出生率が下がり、一世帯当たりの子どもの数も減少した。これには第一次世界大戦敗戦後のドイツの不安定な経済事情や都会の手狭な住居事情も影響していたと考えられる。

　1927年には、母親の生命・健康に危険が及ぶ場合（医学的事由）の妊娠中絶が合法化されたものの、営業目的でそれを行った医師に対する厳罰は変わらず、それは女性たちが危険の伴う違法中絶に身をさらすことを意味した[4]。

　1931年、中絶をほう助し、刑法218条（妊娠中絶禁止法）に違反したかどでエルゼ・キーンレとフリードリヒ・ヴォルフの医師ふたりが逮捕される（キーンレについては後で触れる）。逮捕によってキーンレは反刑法218条運動のシンボル的存在となり、彼女とヴォルフの釈放を要求して、中絶合法化を求める大々的な運動が展開された。ヴォルフが共産党員ということもあり、この運動は当初、女性の支持者を増やしたい共産党の主導で行われていたが、実際にはさまざまな立場の人々が参加する結果となった。

　その盛りあがりの背景には、1929年の世界大恐慌後以降の経済状況の悪化による失業率の上昇や賃金低下などが大きく影響している。妊娠中絶の件数の増減は経済状況を反映している。第一次世界大戦敗戦後しだいに景気が安定してきた1924年の中絶の件数は、推定20万件、大恐慌後の1930年には推定50万〜80万件、1931年には中絶件数が出生数を超え、推定約60万件とされている[5]。

　ところで当時の共産党主催の抗議集会には労働者層の女性ばかりでなく、ブルジョア層の女性も多く見受けられたという。この

ような広範囲の女性たちから寄せられた関心は、中絶の問題は階層を越え多くの女性が共有する問題であったことを示している。たしかに富裕層の女性たちには中絶手術のために外国に行くことも、当時はまだ高価で庶民には手の出なかった避妊具の購入も可能だったかもしれないが、だからといって彼女たちが妊娠の責めをすべて女性が負う状況に納得しているわけではなかったろう。

　そしてキーンレの主張したのは、女性一般が男女同権、そして女性がみずからの身体への決定権を獲得することであった。中絶の問題に関しては当時の医師の間でも女性と男性とではその反応がまったく異なっていた。女性医師の多くは貧困等の経済状況から望む中絶に理解を示し、また法や罰金によって脅すべきではないという立場をとった。それに対し男性医師は中絶反対の立場を堅く支持していた。この運動は一時的には非常に盛りあがったものの、共産党内での女性解放をめぐる方針の違いや、共産党による「政治化」への無党派の組織の抵抗もあって、最終的にはたいした成果もあげられぬまま決裂するに至った。

妊娠中絶禁止法に対する女性たちからの異議申し立て

　さていよいよ本題の女性たちによる妊娠中絶禁止法への異議申し立てについて考えてみよう。紹介するのは当時の人気小説の女性主人公の言葉、妊娠中絶禁止法による裁判の傍聴記、妊娠中絶の現場にみずから迫るルポルタージュ、そして最後に1931年の妊娠中絶合法化運動のシンボルとなった医師エルゼ・キーンレによる獄中記『女性たち』である。彼女たちは彼女たちなりの観点および手段によって、妊娠中絶禁止法の問題点を明らかにしている。

「不道徳」って何？——21歳の速記タイピスト、ギルギの疑問（イルムガルト・コイン『ギルギ——わたしたちのひとり』）

1930年頃のドイツでは仕事にも恋にも一所懸命なおしゃれな都会的女性像が人気だった。その典型とされたのが都会で働くOLである。21歳の速記タイピストが主人公のイルムガルト・コイン（1905-1982）の小説『ギルギ——わたしたちのひとり』（1931）では、世間の性をめぐる道徳観に疑問が投げかけられる。ギルギの妊娠が明らかになると、彼女は妊娠中絶の意思をほのめかすが、医師は思いとどまるように諭し、解決策として結婚を勧める。それに対してギルギはこう答える。

> 「……もしも面倒がみられるなら、未婚のまま元気な子どもを5人産んだって、わたしにはちっともかまわない。でもわたしにはそれはできない。わたしにはお金がないし、わたしの相手にもお金がない——つまりわたしが言いたいのは、この件を早めに片づけてくれれば、ずっとお金をかけずにすむということ」〈中略〉
> 「先生、養うことのできない子どもを女性に産ませることこそ、もっとも不道徳で非衛生的で、まったくばかげたことではありませんか。そのうえ女性に欲しくもない子どもをもたせるなんて、そもそも何にもまして不道徳きわまりなく、まったくばかげてる」[6]

ギルギが中絶を望むのは、生まれてくる子どもに対して、責任を果たせないからであって、彼女が未婚であることは関係がない。ここでは「不道徳」という言葉の世間一般での使用法を逆手に取

ることで、そのいかがわしさが一層明らかになる。つまり未婚の母や中絶が「不道徳」なのではなく、無責任に子どもを産むことこそ「不道徳」だというのだ。

『ギルギ——わたしたちのひとり』ではまた、望まぬ妊娠についてさらに深刻な状況も語られている。ギルギの友人夫婦ハンスとヘルタは困窮し、これ以上子どもを持つ余裕などないにもかかわらず、ヘルタは三人目の子どもを身籠ってしまう。彼女は望んでいないが、産むしかないと諦めている。産む身体から逃れられないヘルタは、最後には一家心中を図るまで追いつめられる。

女性を命の危険にさらす妊娠中絶禁止法：ガブリエレ・テルギットの裁判傍聴記

　新聞記者ガブリエレ・テルギット（1894-1982）はみずからの担当した裁判傍聴記で、妊娠中絶禁止法に係わる裁判を取り上げている。

　妊娠中絶禁止法は女性を命の危険にさらす。法律があっても妊娠中絶を望む女性の数は減らないが、法律があるゆえに正規の医者はその手術を引き受けてくれない。金持ちであれば法外な報酬を要求する悪徳医師に頼むこともできたが、大部分を占める多くの貧しい女性たちはあやしい民間療法や闇産婆、闇医師にすがるしかなかった。

　テルギットは被告が男性ばかりの堕胎裁判について記している。初産の際に瀕死の状態に見舞われた女性がふたたび妊娠、出産をおそれ、夫が同僚から聞いた素人の闇医者（64歳元労働者、3年前に卒中を起こし、裁判の時点では年金生活者）に手術をしてもらうが、その際用いた不衛生な道具が原因で女性は敗血症を起

こし死亡。女性の死去により、彼女の夫、同僚、闇医者の男性三人が裁判にかけられる。

> 裁判となるのはほとんどの場合、死亡事件のみである。その結果長患いに至った何十万もの事例についてわたしたちは何も知らない。この刑法に対するいかなる嘆きも怒りもまったく無益に思えてくる。(「刑法218条…女性のいない堕胎裁判」『ベルリン日刊新聞』1931/1/14) [7]

理不尽なことに、妊婦の死亡によって「事件」は明らかになった。妊娠中絶は違法ゆえ、危険な施術によってその身に何かが起こっても、医者にかかったり、訴えたりすることは難しいのだ。ひとりの死者の背後には数多くの後遺症で苦しむ女性の存在が推測される。

妊娠中絶禁止法の犠牲者とそれに寄生する者たち：マリア・ライトナー、闇医者を訪ねる

マリア・ライトナー（1892-1942）の妊娠中絶禁止法をテーマとしたルポルタージュ「どこに救済はあるのか？刑法218条をめぐる犠牲者と寄生者」では、ライトナーは、いとこが未婚のまま妊娠してしまったということを口実に、中絶斡旋所や実際に手術を行う医師を訪ねまわる。

ある中絶斡旋所の経営者の肩書は「元助産師」、彼女が斡旋する「医師」は、実は無資格の「元助産師」によってリクルートされた貧乏医学生である。違法行為と知りながら金のために中絶に係る医学生たちは、法を犯している弱みを「元助産師」に握られ

ているがゆえ、そこから抜けるに抜けられない。上流階級の女性たちはごく当たり前のように高級な療養所で「合法的」に中絶手術を受けるが、一方中絶にかかる費用を工面できない女性たちのなかには、「衛生用品」と称する劇薬を用いて中絶を試みる。

　……これらの闇稼業はまさに必要悪である。
　この刑法がありつづけるかぎり、彼らはみな大繁盛で、その数はどんどん増えていくことだろう。道徳律を守ってさえいれば、寄生者も有害人物も見逃してもらえる。
　リスクを負うのは女性たちである。彼女たちはみなそのつけを払うことになる。自分の判断で身をゆだねても、刑務所に入る可能性があるからだけでなく、それよりもむしろ、しばしば彼女たちの健康を永久にそこねる、子どもを産めない体にしてしまう、彼女たちを殺してしまう、もぐりの医者、無能な者たち、暴利をむさぼる連中に、彼女たちがさらされるからだ[8]。

　妊娠中絶禁止法はそれに寄生する者たち（闇稼業）も生み出す。妊娠中絶を望む女性たちがいる限り、彼ら／彼女らの存在は無くなることはなく、この悪循環を断ち切ることはできない。

産む身体に囚われた女性に寄り添う：エルゼ・キーンレ『女性たち』

　1931年2月19日、医師エルゼ・キーンレ（1900-1970）は、営利目的に妊娠中絶手術を行ったという理由で逮捕される。以下では3月28日まで5週間拘留された際に執筆した『女性たち』から紹介する。

キーンレは女性たちの抱える望まない妊娠に対する苦しみを「今日の病」と名付け、「彼女たちは受胎する女性の自然に苦しんでいる」と記す。『女性たち』のなかでは産む身体に苦しむさまざま女性たちについて語られている。11 人の子どもがいて、その子どもたちにすら十分な食べ物を与えられないのに、12 人目を身籠り、絶望する貧困家庭の女性、ほんの軽い気持ちで見知らぬ男性と一夜を過ごし、のちに妊娠に気づき途方に暮れる若い女性、また母親に寝室から締め出された DV 父親に強姦され妊娠した 16 歳の娘など。また、ある良家出身の女性は婚約者が事故死したときにすでに彼との子どもを妊娠していたが、体面を重んじる家族から勘当され、交友関係も失い、困窮のなかで出産し、心身ともに衰えていく。

診療所にやってくる女性たちを目の当たりにしたキーンレは刑法 218 条の廃止を必死に訴える。1927 年には医学的事由での妊娠中絶が認められるようになったが、キーンレは子沢山の貧しい女性が、劣悪な衛生環境でさらに子どもを産むことを拒むことは社会的事由のみならず、医学的事由でもあると主張する。彼女曰く、法律が現実に対応しきれていないのである。

しかしわたしたちはこの法律が不当で、不道徳的な強制だという思いをますます強くする。すでに幾度となく言われてきたことだが、子どもの出産の権利を要求できるのは、生まれてきたものに基本的な生存可能性を保障する社会だけである。そうでなければ、社会のふるまいは無責任である。ほとんど「破廉恥な恐喝」とも言えるだろう [9]。(「神聖ではない受胎」)

キーンレはまた中絶をめぐる議論の背景にあるジェンダーの要

素を指摘している。ドイツの女性たちは 1908 年大学への入学資
格を得、ワイマール共和国の成立によって参政権も手に入れたが、
彼女たちを産む身体に縛りつける社会の仕組みが変わらない限り、
男女平等とは言えないのだ。

> ……まずは政治の領域で達成された完全なる男女平等は、や
> がてほんとうのものとなるだろう、権利においても、共同生
> 活という習慣においても、至るところで。
> しかしそれまでは女性の解放という美しい言葉はすべて、
> 空言にすぎない。女性が自分の意思を持たない出産マシーン
> でありつづけるのなら、彼女に選挙権は何の役に立つのだろ
> う[10]。(「新しい性モラル」)

　2017 年 8 月 14 日付のドイツ連邦議会の HP によれば、現在、
妊娠中絶は法律には反するものの、妊娠 3 か月以内にカウンセリ
ングを受けた場合には刑罰は問われない(医学的、刑事的事由に
よる妊娠中絶は法的に認められている)とある[11]。21 世紀に入っ
た現在では LGBT という言葉も人口に膾炙し、複数の性(ジェ
ンダー)が自明のこととして語られている。しかしながら今もな
お、女性は「産む性」に縛りつけられている。もういいかげんわ
たしたちはみずからの力で自分たちの身体を取りもどしてもいい
はずだ。

（たまる・りさ）

注

1 荻野美穂『女のからだ　フェミニズム以後』岩波書店　2014 年　235 頁。

2 バーバラ・ドゥーデン『胎児へのまなざし　生命イデオロギーを読み解く』田村雲供訳　阿吽社　1993 年　145 頁。

3 ドゥーデン　165、166 頁。

4 水戸部由枝「私のおなかは社会のもの？　1970 年代の妊娠中絶法改正に見るポリティクス」　川越修／辻英史（編著）『社会国家を生きる　20 世紀ドイツにおける国家・共同体・個人』法政大学出版局　2008 年所収：243-278 頁　247 頁参照。

5 水戸部　248 頁参照。

6 Irmgard Keun: *Gilgi – eine von uns.* München: Deutscher Taschenbuch Verlag. 1989. S.117.

7 Gabriele Tergit: *Wer schließt aus Liebe? Gerichtsreportagen.* Berlin: Das Neue Berlin. 1999. S.141f.

8 Maria Leitner: *Mädchen mit drei Namen. Reportagen aus Deutschland und ein Berliner Roman 1928-1933.* Berlin: AvivA Verlag. 2013. S.64.

9 Else Kienle: *Frauen. Aus dem Tagebuch einer Ärztin.* Stuttgart: Schmetterling Verlag. 1989. S.81.

10 Kienle S. 153.

11 ドイツ連邦議会 HP　Deutscher Bundestag. Dokumente. Historische Debatten（7）: Abtreibungsparapraf 218. 参照（2017 年 8 月 28 日最終閲覧）

第10章
ピープル・パワーとスチューデント・パワー：
路上とキャンパスから政治が変わる

小ヶ谷 千穂

はじめに：東アジアの最近の学生運動

　2014年3月、台湾で「ひまわり運動」と言われる学生たちの運動が起こった。これは、台湾政府が中国とのサービス貿易協定を強行採決したことに対しての抗議を契機に、台湾の学生たちが国会を約1か月間占拠した運動である。同じく2014年の9月に今度は香港で、「雨傘革命」という学生による運動が起こった。大学生だけでなく高校生まで含んだ若者たちが香港の中心部を約2か月間にわたって占拠した理由は、「香港における民主主義」が、中国本土の中央政府によって侵害される可能性があると、訴えたかったからだった。これらには一つ、共通することがある。それは、二つとも、ロゴやシンボルがとてもポップでオシャレであることだ。いわゆる「学生運動」「路上占拠」というイメージとはやや違うのではないだろうか。ひまわりの花をみんなが掲げていると

www.insgrum.com/media/1473
25178067421490_519183866

https://www.facebook.
com/umbrellarevolutionhk

ころは、何か楽しいイベントのようでもあったし、雨傘のロゴも、若者向けスポーツブランドのようでもあるだろう。

では、次のロゴはどうだろう。そう、これは2015〜2016年メディアでも目にしたことの多かった、日本の学生団体SEALDs（Students Emergency Action for Liberal Democracy‐s）のロゴだ。彼らは、ラップ調の、いわゆる「コール」で「民主主義って何だ！これだ！」と、国会前

http://www.sealds.com/

や、渋谷、新宿の駅前で声を挙げていた。みなさんのまわりでも、SEALDsのメンバーだったり、サポーターだったりする友達がいるかもしれない。SEALDsの前身はSASPL（サスプル：Students Against Secret Protection Law／特定秘密保護法に反対する学生有志の会）といって、その名の通り2014年に「特定秘密保護法案」に反対する学生たちが結成した組織だった。その時から、彼らはラップを使ったり、若者の心をつかむようなオシャレな動画やフライヤーを作ったりしていた。SEALDsのロゴやフライヤー、スピーチなどもセンスがよく、スピーチをする人たちのファッションも、現代の若者そのものだと言えるだろう。

　ちょうどほぼ時を同じくして、場所としても近い東アジアで起こったこれらの若者たちの運動に共通していることは何だろう。日本では、みなさんの中にも、「学生運動」というと1960〜70年代の、いわゆるゲバ棒にヘルメット、といったイメージがある人も多いようだけれど、実はそれは私の親の世代のことである。そうした、とても「古典的」なイメージの学生運動とはかなり違う、最近の東アジアの若者の運動について、紹介したわけなのだが、こうした運動がずいぶんとみなさん自身に「近い」、という

印象を持った人もいるのではないだろうか。あるいは、まだ距離感を感じる、という人もいるかもしれない。何か特別なことをやっている人たちだ、と。

　実は、「若者が変える社会」と題したオムニバス授業を企画した私でさえ、以前はそう思っていた。知っている人もいるかもしれないが、私はフィリピンという国の、その国から海外に出稼ぎに出ていく人たちとその家族についての研究をしてきた。その関係で、大学院生の時期に、フィリピンに長期で調査に行ったり、留学していたことがある。その時はちょうど 2000 年前後だったのだが、その頃に、路上に出てデモをするとか、学生が政治的な課題について集団で声を挙げる、ということが日常的である人たちと接する機会ができたのだ。ここではその当時のことを思い出しながら、「路上とキャンパスから政治が変わる」ということがとてもリアリティを持っている、フィリピン社会における学生や市民の運動を紹介し、「自ら声を上げる」ことの意味について、みなさんと一緒に考えてみたい。

フィリピンの「ラリー（＝デモ）文化」と「ピープル・パワー」

　たぶん 1999 年のことだったと思う。フィリピンの首都マニラで、向こうの同世代の友人とレストランで待ち合わせをしていた時のことだった。夕方だった。遅れてきたフィリピン人の友人は、汗をかきながら、私にこう言った。「Galing ako sa rally.」これは、「ラリーから戻ってきたところなんだ／ラリーに行っていたんだ」という意味だ。「ラリー＝デモ」という意味は知っていたけれど、その彼の言葉を聞いた当時の私は、とても驚いた。「デモ」って、友達との待ち合わせの前に行けるようなものなの？　そんなに身

近な、ふらっと行って帰ってくるものなの？と。もしかすると今のみなさんが、SEALDsの学生たちをテレビで見て思っているのと同じような気持ちを私も持っていたのではないかと思う。その友人は、現在は政府の役人をしているのだが、当時は大学生。優秀な学生だったけれど、そこまで「活動家」というタイプではなかった。それでも、「ラリーに行く」ということは、彼にとってはとても日常的なことだったのだ。そのことに驚いた私は、その後フィリピンの人たちとの付き合いが長くなり、最終的にはフィリピン大学にも留学していく中で、本当にフィリピンの人たち、そして若者にとって、「ラリーをする」ということが、日常の風景であることを知るようになっていった。

　たとえばマニラには、メンジョーラという通りがある。ここは、マニラでの「ラリー」のメッカ、つまり、常に誰かが、政治や経済の問題について集団で声を挙げている場所だ。日本でいえば、最近の国会前のイメージに近いだろうか。その通りは、マラカニアン宮殿という大統領府、つまり大統領のオフィスのすぐ目の前である。なので、メンジョーラでラリーをするということは、直接大統領に問題を訴えることができることを意味している。

　「エドサ革命」という言葉を、世界史で勉強したことのある人もいるだろう。1986年にマニラで起こった、マルコス独裁政権を倒した民衆による無血革命のことである。この革命は、「ピープル・パワー（People Power）革命」とも呼ばれているのだが、「エドサ（EDSA: Epifanio delos Santos）」というのは、マニラの外側を通る大きな道路の名前だ。東京でいえば、「環八」とか「青山通り」とか、そういった感じである。

　日本では、マルコス政権（1965〜1986）は、むしろファースト・レディのイメルダの靴のコレクションのエピソードでよく知

られているかもしれない。「東洋の真珠」とも呼ばれたミス・フィリピンのイメルダと、当時司法試験史上最高得点で合格した秀才のフェルディナンド・マルコスのカップルは、汚職と腐敗にまみれた政治を展開し、最終的には、「戒厳令（martial law）」を全土に発することで、政権にはむかう者を投獄・拷問するまでにその独裁をエスカレートさせていった。マルコス批判の急先鋒であった政敵のニノイ・アキノ上院議員が亡命先のアメリカからフィリピンに帰国した飛行機を降りたところで暗殺された事件は、世界で生中継された。そして、そのニノイの未亡人、コーリー・アキノを大統領に推したのが、「ピープル・パワー革命」（無血革命）だったのだ。その時のテーマカラーの「黄色」と、親指と人差し指で作る「L（Laban=fight と Liberty）」のマークは、独裁政権を文字通り「人々の力」で倒そうとする人々の心を結び付けた。カトリックのシスターや女性たちも路上で声を上げ、エドサ通りは人で埋め尽くされた。結果として、マルコス大統領一家はハワイへ亡命し、アキノ政権が成立したのである[1]。

　こうした、「自分たちの力で民主化を実現した」、というフィリピンの人々の間での共通の歴史経験は、現在にも引き続いている。実際、その後 2001 年にも People Power 2 で当時の現職大統領を退陣させている。（その時私は、マニラのジープニーの中で、運転手さんに「君はラリーに行かないの？」と言われた。）このように、フィリピンでは、自分たちの政治的な考えや現状に対する不満や抵抗の気持ちを集団で、そして路上で表明するという「ラリー文化」が、「ピープル・パワー」として現在においても根付いているのである。

「革命」とフィリピンの歴史：植民地としての経験

　では、フィリピンの人たちはなぜこうした「革命」「ラリー」の文化を持っているのだろうか。それには、フィリピンが過去何百年にもわたって外国から植民地支配を受けていた、ということが大きく影響していると私は考えている。300年間スペインからの植民地支配を受けていたことはよく知られているだろう。米西戦争後は、アメリカによる間接統治に代わったが、教育や文化、言語面でのその影響は多大なもので（現在においてもフィリピンの人たちは英語を話し、アメリカ的な教育を受けている）それは「文化的植民地支配」とも呼ばれた。また、第二次世界大戦中は日米の交戦地となり、日本が数年支配していたこともある。つまりフィリピンの人たちは常に、他者から「支配」され、それに「抵抗」することで歴史を紡いできた、と言えるのだ。

　「支配への抵抗」を導いたそれぞれの時代のリーダーたちは、「国家的英雄」として、今でも多くの国民の統合のシンボルとなっている。スペインに対する抵抗運動の思想的リーダーとして、スペイン政府に処刑されたホセ・リサールにはじまり、抵抗運動の闘士アンドレス・ボニファシオ、そしてさきほど紹介した、マルコスと対立して命を落としたニノイ・アキノ。いずれも、フィリピンを「他者による支配」から命がけで救い出した英雄とされている。こうしたことからも、長きにわたる植民地支配の歴史と、人々の「抵抗」の歴史が作ってきた、言わば「抵抗」の文化がフィリピン社会には根付いていると言うことができるだろう。それが人々へ、そしてみなさんと同じ学生にも引き継がれている。

　現在でもフィリピンの大学のキャンパスでは、学費値上げに反対するラリーや、汚職に手を染めているとされる政治家のキャン

パス訪問阻止、といった活動が日常的に行われている。下の写真にもあるように、アメリカ政府のフィリピンへの経済的・軍事的影響力を批判するフロート（山車）を連ねるようなラリーにも、学生団体が積極的に参加している。フィリピンのこうした市民運動の中で、「youth（若者）」の存在は、とても重要なのだ。自分たちの身近な問題から、政権にかかわる問題まで、学生たちの幅広い関心をここからも読み取ることができる。

政治家の汚職に反対する学生たちのラリー

http://kalatas.com.au/2013/08/26/facebook-rallies-thousands-to-philippines-graft-protest/

http://world.time.com/2013/09/11/philippines-pork-barrel-graft-probe-has-lawmakers-squealing/

また、「抵抗の文化」が引き継がれる、という意味では、私の研究テーマと絡めて大変面白いことも起こっているので、紹介したい。私はさきほどお話ししたように、海外で働くフィリピン人について研究しているのだが、海外フィリピン人の人たちは、たとえば香港で住み込みの家事労働者（メイド）として働いている女性たちも、自分たちの「移住労働者」としての権利保護や処遇改善を求めて、頻繁に路上でラリーを行っている。香港にはほかにもインドネシア人の家事労働者が多く働いているのだが、初めのころはインドネシアの女性たちは、「ラリーをする」ことをとても怖がっていた。路上で自分たちの権利向上について訴えたりなどしたら、政府ににらまれて、仕事を失ってしまう、と。でも、フィリピンの人たちと知り合い、「自分たちの権利を主張することは、怖れるようなことではない。それは自分たちの大切な権利なのだ」ということを彼女たちは学んでいった。そして現在の香港ではフィリピン、インドネシアそれぞれの労働者たちが一緒にラリーをする光景も珍しくなくなったのだ。今ではインドネシア出身の家事労働者たちが、直接自分たちの政府の高官に、メディアの前で陳情をしたりすることもある。ここには、フィリピンの人たちの「抵抗」の文化が、出稼ぎ先でインドネシアの人たちに、いわばトランスナショナルな形で引き継がれていく、という連鎖が生まれているのだ[2]。

香港の公園で自分たちの権利について訴えるインドネシア人家事労働者（二〇一五年一一月、筆者撮影）

フィリピンの「ラリー」文化から私たちが学べること

　以上、フィリピンの「ラリー」文化、「抵抗」の文化を紹介することで、みなさんに伝えたかったのは、「学生が社会を変えることができる」ことの身近さ、である。自分の周りから変えていこうとする姿勢、自分が「問題だ」と思ったり、「怒り」を感じたりすることをそのまま表現して周りと共有する、あるいは自分の考えに近い人が行う意思表明を応援する、といった直接・間接に「社会を変えていく」行動が、日常生活の中にある、ということだ。もちろん、さきほど指摘したように、それはフィリピンが植民地であったという歴史によるところが大きい。それでも、今の日本においても、おかしいことはおかしい、と言える環境を、私たち自身の手で作っていく必要が大いにあるのではないか、と思うのである。たとえば、身近なところで言えば、セクハラやパワハラ、さらには性暴力の問題があるだろう。そういうことが横行して、被害者が「泣き寝入り」を強いられるような社会に対して、身近なところから、「声を上げる」という姿勢は、大切なのではないだろうか。

　つまり、「怒り」や「不満」を表明し、主張することは、人間が「自由」や「権利」を守っていくためにとても重要だということなのだ。これは、陳腐な批判や他者攻撃とは違う。私たちが抵抗する相手は「権力をもつ者」であって、「権力をもたない人々」ではないのだ。弱い人たちに「怒り」や「不満」をぶつけることは、ただの「いじめ」にすぎない。

　そしてもう一つ、フィリピンの人たちが教えてくれるのは、「表現」し、「行動」するようになると、そこに「楽しさ」や「一体感」が生まれてくる、ということだ。これがラリー文化の神髄で

はないかと思う。ラリーに参加する人たちの表情は、とても活き活きしているのがわかるだろう。SEALDs の若者たちが国会前でやっていた「コール」も、それに声を合わせることで、「抵抗」活動を通した「連帯」を生み出すようなものであったのではないだろうか。だからこそ、彼らのパワーに引き付けられて、大人から子どもまで、小さな子どもをもつお母さんたちから学者たちまで、みんなが同じ運動に参加したのではないだろうか。

「自分たちの現状や未来を脅かす問題」について見て見ぬふりをしないことは、とても大切だ。見て見ぬふりをすることは、さらなる被害者を生み出すことになる。今の日本社会において、あるいは、もっと言えばとても身近な日々の日常生活の中でも、誰かが傷ついたり、理不尽なことが起こっているのに、みなさんが「見て見ぬふり」をしていることはないだろうか。自分が「見て見ぬふりができない」、と考えることこそが、よく大学で教員からみなさんが言われる、「問題意識」というものなのだろう、と私は考える。その「問題意識」について、少しでもいいから具体的なアクションが起こせれば、きっとキャンパスから、政治を変えることができるのではないだろうか。

（おがや・ちほ）

注

1　より詳しくは、大野拓司・鈴木伸隆・日下渉編『フィリピンを知るための 64 章』(明石書店、2016 年) を参考にしてほしい。

2　こうした連帯が生まれるようになった詳しい経緯については、小ヶ谷千穂『移動を生きる：フィリピン移住女性と複数のモビリティ』(有信堂高文社、2016 年) の中で紹介している。

第 11 章

女性の「性」が大切にされる社会にするには：
日本軍「慰安婦」問題と性教育

井上 惠美子

日本軍「慰安婦」制度とは

現在の中学校の歴史教科書には、学び舎発行のものを除いて日本軍「慰安婦」（以下、「慰安婦」）に関する記述がないこともあり、ニュースでその言葉を聞いたことがあっても内容については知らない人が多いと思われる。まずは、この 1991 年以来の 20 年間に日本政府を相手取り各国の元「慰安婦」の女性たちが裁判を起こしたその 10 件の判決によって、日本の裁判所が認めた「慰安婦」制度の事実（坪川宏子・大森典子『司法が認定した日本軍「慰安婦」：被害・加害事実は消せない！』かもがわブックレット、2011 年 12 月）をもとに、その実際を確認する。

最初の「慰安所」は、満州事変開始の翌年である 1932 年のいわゆる上海事件勃発の頃に上海で設置されたものであると言われている。その後、日本軍の侵略地域が拡大するのに伴って、朝鮮・中国・台湾・フィリピン・インドネシア・マレーシア・東ティモール・ベトナム・グアム・タイ・ビルマ・インドなどに広がり続け（日本国内でも沖縄、松代「大本営」に設置）、結果的に数千か所の慰安所が設置され、10 〜 20 万人の女性が「慰安婦」にさせられた。

日本軍兵士が他国を侵略する際に多数の強姦事件を起こしていたため、その防止対策として日本政府・日本軍によって考えられたのが「慰安婦」「慰安所」であった。「慰安婦」となって兵士の相手をする女性が必要であるものの、公娼[1]では日本軍の「兵力」減退を招く性病がさらに拡がってしまい、また郷里出身の「普通」の日本女性が劣悪な条件下で「慰安婦」になったのでは日本兵士の士気を減退させるので、植民地の女性、そして性病にり患していない10代の女性を多く「慰安婦」にさせた。女性を集める時には、地元の仲介業者とともに官憲や日本軍人が加担する場合もあり、甘言による詐欺だけではなく、「手足をつかまれて捕えられた」「断ったものの、強制的に」などの拉致や、拉致に近い強制連行の例もあった。今でも日本政府は「狭義の強制連行はなかった」「強制連行の資料がない」と言っているものの、この「拉致」はまさにこの「狭義の強制連行」である。

侵略地の地元の女性を「慰安婦」にさせるパターンとともに、朝鮮出身の女性を中心として日本軍の戦闘地域を連れまわすパターンがあった。

慰安所を利用する日本兵士と「慰安婦」の間に金銭授受は見られず、厳しい監視下で強制的に毎日10人を下らない多くの日本人兵に強姦され続け、逃げようとするとひどい暴力を振るわれたその状況は、まさに「性奴隷」（sexual slavery）の扱いであった。

戦争・紛争下での性的暴力事件は世界各地にあるものの、近代国家が広範囲の戦地の兵士のために大量の女性の性奴隷化を、政策として組織的に実施したのは日本だけであった[2]。

しかも、敗戦時に日本政府・日本軍は、「慰安婦」の女性たちに自害を強要したり殺害したり、そうでなくとも戦場に置き去りにした。戦時下に連れまわされ、どの国かもわからず、言葉も理

解できずに置き去りにされた女性たちは自国、郷里にたどり着く
のも困難であり、ようやく自宅に到達できても、「汚れてしまっ
た」「敵国におもねた」彼女を家族たちは容易には受け入れなかっ
たなど、彼女たちの戦後もまた過酷であった。

日本政府の「慰安婦」問題への対応

① 前向きだった 1990 年代前半

　韓国の金学順（キム・ハクスン）さんが、1991 年 8 月に元「慰
安婦」であったことを実名で公表し、日本政府を提訴したことを
契機に、日本のマスコミが「慰安婦」問題をようやく取り上げ始
める。同年 12 月に韓国外務省が「歴史的真相」の究明を日本政
府に要請したため、日本政府は調査をして資料を公表せざるを得
なくなる。日本政府は 1992 年 7 月と翌年 8 月に関係資料を公表
し、その 2 度目の際に「河野談話」を発表する。それは、募集・
戦地への移送・管理など「総じて本人たちの意思に反して行われ
た」と強制性と日本軍の関与を認め、「おわび」「反省」の気持ち
を表すもので、政府による「謝罪」とは言えない。しかし、それ
まで何も対処してこなかった日本政府の姿勢に比べれば画期的な
ものであった（ただし「慰安婦」徴集・使役の主体が政府・軍で
あったことを明確には認めず）。

　1994 年に国連 NGO の一つである国際法律家委員会（ICJ）が
報告書を発表し、「慰安婦」被害者には個人補償請求権があると
結論を出し、以後これが世界の定説になっているにもかかわら
ず、日本政府は元「慰安婦」への正式な賠償責任を果たそうとせ
ず、その代わりに、「償い金」を「民間」で募金し支給する「女
性のためのアジア平和国民基金」を 1995 年に発足させ、しかも、

第 11 章　女性の「性」が大切にされる社会にするには　167

すべての国の元「慰安婦」にではなく、フィリピン、韓国、台湾、インドネシアなどに限定して支給する。これに対して、求めているのは日本政府による公式の謝罪と賠償であり、そうではないお金を受け取ることはできないと、元「慰安婦」の女性たちは痛烈に批判した。

　1996 年には教科書検定が実施され、政府見解の範囲内（調査結果と「河野談話」に元「慰安婦」の総数が記されなかったために、教科書検定の際に推計でも元「慰安婦」総数の記載は認められなかった）で、1997 年から使用される中学校歴史教科書すべて（7社）に「慰安婦」に関する記述が掲載されることになる。

　多くの限界はありつつも、この時期にようやく日本政府が「慰安婦」問題に向き合い始めたといえる。

②　今日に至る熾烈な「慰安婦」バッシングの開始

　ところが状況が大きく変わる。

　前述の中学校歴史教科書すべてに「慰安婦」に関する記述が掲載されることが判明したのは、1995 年 5 月である。その直後から、今日の「日本会議」につらなる国会議員を含む右翼勢力が、①慰安婦は業者との契約に基づくものであり、日本軍による強制連行は史実として確定していない、事実無根だと主張し、さらに軍隊に性の問題はつきものであるとした上で、②教科書の検定基準である「心身の発達段階」「健全な情操の育成」といった観点から中学生に教えるべきではないこと、従って③中学校教科書から「慰安婦」記述は削除すべきであり、それを教えようとするのは自国の歴史に愛着と誇りを抱かせない自虐的行為であると日本政府に迫った。そして、2006 年度以降使用のすべての中学校歴史教科書本文から「慰安婦」の語が消える。

さらに、1997年には「新しい歴史教科書をつくる会」が設立され、侵略戦争も「慰安婦」も存在しないとする中学校の歴史と公民の教科書が2001年に教科書検定に合格し、扶桑社（その後の自由社・育鵬社）から出版され、横浜市などで採用されるようになる。

それ以降も、2014年8月に朝日新聞がそれまでの「慰安婦」問題を総括する特集記事を掲載したところ、その初期の取材時の試行錯誤について記載した部分の言葉尻をとらえて、朝日新聞が「慰安婦」問題をねつ造したとの誤った批判が日本中を駆け巡った。このように、バッシングはいまだに続いている。

2015年12月に日本軍「慰安婦」問題に関して日韓政府が合意した。安倍総理大臣による「心からのおわびと反省の気持ちの表明」、韓国政府による財団への日本政府からの10億円の拠出を、ソウルの日本大使館前に設置されている「少女像」の撤去と引き換えに約束し、「慰安婦」問題に終止符を打つというものである。しかし、元「慰安婦」の被害者に事前に打診がされておらず、韓国・日本で長年この問題に携わってきた多くの団体や韓国国民の多数が反対していることから、この合意の行く末はいまだ不透明である。また韓国以外における日本軍「慰安婦」の被害者問題は何ら解決していない。日本のマスコミも、この日韓合意によって「慰安婦」問題は終わったとの扱いをしている様相であるものの、何も解決していないのが現状である。

世界が日本に求めていること

1992年の旧ユーゴ紛争下の集団レイプ事件をはじめ、戦争・紛争下での性的暴力は今でも繰り返されている。戦時下における

性的暴力や性奴隷をなくすために、国連は1993年に「女性に対する暴力の撤廃に関する宣言」を発し、1998年には「人道に対する罪」に「性奴隷などの性的暴力」を加える。

このように戦時下性暴力への関心が高まる中で、日本政府が「慰安婦」問題に関して謝罪をしようともしないのに対して、国際的に厳しい目が向けられる。1994年に国連人権委員会「女性に対する暴力」特別報告官に任命されたスリランカの法律家であるラディカ・クマラスワミはさっそく調査を開始し、1996年に日本の「慰安婦」問題に関する初の包括的な報告書を国連人権委員会に提出し、委員会は日本政府の犯罪を認める決議を採択する。以後、国連は調査と決議を繰り返し、さらに女性差別撤廃委員会、拷問禁止委員会、自由権規約委員会という国連のすべての人権条約管轄機関や、ILO（国際労働機関）などが何度も日本政府に勧告をしている。2000年には、この問題を飛躍的に進展させようと、市民たちによって「第二次世界大戦中において旧日本軍が組織的に行った強かん、性奴隷制、人身売買、拷問、その他性暴力等の戦争犯罪」に関する民衆法廷である女性国際戦犯法廷が東京で開催される。それでも煮え切らない態度の日本政府に対して、2006年の米国下院国際関係委員会にはじまり、米国下院本会議、オーストラリア、オランダ、カナダ、EU（欧州連合）議会、フィリピン、韓国、台湾で「慰安婦」に関する決議が上がっている。

それらが共通して要求しているのは、日本政府が「慰安婦」を強制動員したことと性奴隷の状態に置いたことを認め、被害者に謝罪と賠償をし、その歴史的事実を教科書に掲載して次世代を教育し、今後二度とこのようなことをしないと世界に宣言することである。半世紀以上も前の日本政府・日本軍による「慰安婦」制度を、世界は単に批判しているのではなく、日本政府がこの問題

に対して誠実な態度をとることが、今日と将来の世界から戦時下の性的暴力を駆逐する大きな教訓になると考えている。これからの世界を戦争・紛争、そして戦時下の性奴隷・性的暴力のない平和な社会にするために、日本がとるべき大切な道が示されているといえる。

誤ったままのジェンダー／セクシュアリティ観の日本

　以上のとおり、元「慰安婦」たちが 10 回にわたって日本政府を相手にした裁判を起こし、国際的にも日本政府による謝罪と賠償が求められているにもかかわらず、日本政府はいまだに謝罪をしていない。それ自体大きな問題であるものの、日本政府が謝罪をしないのも、またその自国の政府の姿勢に対して国民からの批判が大きく広がらない[3]のも、より深部に日本の課題があるのではないかと考える。

　例えば、第二次世界大戦敗戦直後の 1945 年 8 月 18 日に、進駐してくる占領軍のために日本政府がまず実施したのは、日本人女性に占領軍兵士の相手をさせる「慰安婦」制度（特殊慰安施設協会、RAA）の創設と募集である。すなわち、敗者である日本が国と自国の「普通」の女性の貞操を守るためには、勝者側の男性に敗者側の一部の「特殊」な女性を貢ぐのが当然であるとの発想があると思われる。

　また 2013 年 5 月 13 日に橋下徹大阪市長（当時）が「『慰安婦』制度は世界各国の軍がもっていた」「あれだけの銃弾の雨、嵐のごとく飛び交う中で、命懸けでそこを走っていくとき、…どこかで休息じゃないが、そういうことをさせてあげようと思ったら、『慰安婦』制度が必要なのは、これは誰だって分かる」と発言し

た。さらにきわめつけは、1992 年に PKO（国際連合平和維持活動）の一環として、創設以来はじめて自衛隊を海外（カンボジア）に派遣させる際に、派遣される自衛隊員のエイズ防止問題のために「現代版従軍慰安婦が必要」と発言した政治家がいた。

　男性が自分の性欲をコントロールする能力をもっていないと思い込んでいること、また男性を性病から守りつつ「戦う」男性の性欲を満たすために女性が必要であるという発想が、戦後も日本で生き続けているといえる。これでは、第二次世界大戦下における「慰安婦」問題を反省することも謝罪をすることも無理である。

　しかも、「慰安」や性欲の処理の道具にさせられる女性がいかなる状況に置かれるか、人権がいかに蹂躙されるのかに考えがまったく及ばないことも戦前と同じである。

　同じくコントロール不能の男性の性欲に依拠しつつ、女性に出産機能だけを期待する発想も日本に根強い。例えば、2003 年 6 月 26 日の少子化問題等についての討論会での大田誠一（自民党元総務庁長官）が「集団レイプする人は、まだ元気があるからいい」と集団レイプのスーパーフリー事件（6 月 18 日逮捕）を評価した発言は、衝動的性欲が強い男性が多くなれば少子化問題は解決すると考えているとしか思えない。また 2001 年 11 月 6 日の石原慎太郎都知事（当時）が『週刊女性』で発言したいわゆるババァ発言「女性が生殖能力を失っても生きているってのは無駄で罪」や、2007 年 1 月 27 日の柳沢伯夫厚生労働大臣（当時）による「女性は子どもを産む機械」との発言などもある。

　女性を性欲のはけ口か出産能力でしか見ないという女性に対する人権無視の問題とともに、男性はすべて性衝動を抑えられないと決めつけられている点で男性にとっても侮辱的な話である。

性教育、ジェンダー平等教育、そして日本国憲法の重要性

女性より男性の方が性欲が強いと思い込んでいる男性たちと、だから仕方がないと思い込まされている女性たち。しかし、性欲の強さに男女の差はない。性についての知識とともに、自分の性欲をコントロールする力を育て、相手の人権を侵すのではなく、相手を思いやり、互いの幸せにつながるようなセックスについて学ぶのが性教育である。

各地の教員は、自分の身体を知り、心と身体の主人公になることが人権教育の中軸であるととらえ、すべての子どもに性教育が必要であるとして、長年性教育の実践が積み上げられてきた。加えて、エイズ対策としての性教育が国にとっても必要となり、教科書にも性に関する事項が載るようになった 1992 年は「性教育元年」と呼ばれ、性教育は飛躍的に全国に広がった。さらに、1994 年のカイロ会議（国連国際人口開発会議）以来、妊娠・出産について、人口政策等で管理、支配するのではなく、とりわけ女性にとっての「リプロダクティブ・ヘルス／ライツ」という権利としてとらえられるようになっている。

ところが、前述の「慰安婦」バッシングが起こったちょうどその時期に、同じ右翼勢力によって、活発化していた性教育[4]や男女混合名簿、「ジェンダー・フリー教育」[5]に対するバッシング、バックラッシュが国会中継や一部の雑誌・新聞で展開された[6]。これによって、各地の学校で性教育がしにくくなり、「ジェンダー・フリー教育」の語が学校現場で使用できなくなった。

これらの攻撃の意図は、個人の尊厳を保持し、身体と性の主体性を確立し、人生を自分で選び取ることのできる女性を育てることの否定である。

実はこの時期は、教育基本法改悪（2006年12月）とともに日本国憲法の改悪が目論まれていた。憲法第9条だけでなく、第24条の改悪も重要なポイントにされていた。個人を尊重し、両性の平等に立脚して営まれる家族・家庭という考え方を否定した上で、「家族」を強調・尊重するというものである。竹信三恵子は憲法の9・24・25条改悪は連動しており、「家庭内で無償の福祉的労働を担うことを女性に義務付け」、「男性を『国防』に動員できる」ようにする、また「女性の無償労働の活用で福祉費用を節約して企業の税支出をおさえ、同時に女性が安いパート労働を引き受ける」ことで「国際競争に備えてコスト削減を図る新自由主義的な対グローバル化シフト」が可能になると、バックラッシュの「焦点は性別役割分業」であると指摘している[7]。また浅野富美枝は「『バックラッシュ』はすべて『伝統的な家族の崩壊を進める』ものに対して向けられている。個人の尊厳を確保し、身体と性の主体性の確立をめざす性教育は、心身を国家や家族に捧げる人間をつくりだす教育の対極に位置する。その意味で性教育に対する攻撃は『バックラッシュ』の核心的要素である」[8]と述べている。さらに、心と身体を強制的に国家に捧げさせられたのが戦時下の「慰安婦」といえる。

「慰安婦」問題が教科書から消され、「ジェンダー・フリー」の語が教育現場で使えなくなり、性教育が後退させられるなどの教育に対する攻撃と、平和・家族のあり様の改変問題は連動している。

まとめ

LGBTなどの多様な性についての理解が広がりつつある。文部科学省もようやく2017年4月に、多様な性の子どもに対して

配慮を求めるはじめての通知を全国の国公私立の小中高校などに発した。

多様な性とは、人は女性と男性とにくっきりと二分することはできず、①XXとXYという遺伝子レベルでの性別、②卵巣、精巣、ワギナ、ペニス等の身体的性別、③自分を女性と認識するか男性と認識するかの性別自認、④好きになる相手は同性か異性かについての性指向、⑤男性がスカートなどの女性の装いをすると自分らしく感じて落ち着くというような異性装など、それぞれが多様であり、またさまざまに組み合わさっていることをいう。

性教育を核とした人権教育が広く行われることによって、男らしさ・女らしさにとらわれず、性が多様であることが認められる社会、性を理由にして差別されることがなく、その人らしさが大切にされ自由に表現できる社会の実現を皆で目指すことが大切である。

（いのうえ・えみこ）

注

1　合法的に認められた売春婦のこと。日本政府は1958年まで売買春を合法化していた。不特定多数の男性と性交をせざるを得ない売春婦は性病にかかる可能性が高く、売春婦と性交した男性が性病にかかる確率は高かった。

2　現時点で他に国家的に戦時性奴隷制度を設けたことが判明しているのは、ナチスドイツによる強制収容所内でのものがあるものの、範囲や規模が日本とはまったく異なる。

3　この点に関しては、世界が「慰安婦」問題をどのようにみているかについて、日本のマスコミがほとんど取り上げないことに最大の問題があると考えている。

4　「過激性教育」と称され、性器の名称も性交についても教えることが批

判された。

5　ジェンダーにとらわれない平等教育を「ジェンダー・フリー教育」と称して、各地で実践が展開されていたのに対して、定義が曖昧であるという理由にならない理由で、教育現場でのこの語の使用が禁止された。人権の観点から差別語の使用が禁止されることはあるものの、そうではない語が使用禁止されるという「言葉狩り」は戦後はじめてのことであると思われる。以後、「ジェンダー平等教育」と称される傾向がある。

6　詳しくは、和田悠・井上惠美子「1990 年代後半〜 2000 年代におけるジェンダーバックラッシュの経過とその意味」フェリス女学院大学文学部コミュニケーション学科多文化・共生コミュニケーション学会『多文化・共生コミュニケーション論叢』第 6 号、2011 年 3 月、pp.29 〜 42 を参照。

7　竹信三恵子「やっぱりこわい？　ジェンダー・フリー・バッシング」木村涼子編『ジェンダー・フリー・トラブル：バッシング現象を検証する』白澤社、2005 年 12 月。

8　浅野富美枝「性・生殖・セクシュアリティと人権の可能性」米田佐代子他編『ジェンダー視点から戦後史を読む』大月書店、2009 年 12 月。

第12章
For Others「他者のために」の精神を

湯浅 佳子

はじめに

　はじめまして。1995年に文学部国際文化学科を卒業しました湯浅佳子と申します。今から20年以上前、まだ国際交流学部が文学部の国際文化学科だったころの卒業生で、校舎も1、2年生は緑園、3、4年生は山手という時代でした。

　現在の職業は鍼灸師です。大学卒業後、医療系団体で広報をしていましたが、ハードワークで身体を壊してしまいました。その時に鍼灸治療を受けて、鍼灸師という仕事に興味を持ちました。以前から手に職をつけたいという思いもあったので、鍼灸の専門学校に3年間通い、鍼灸マッサージ師の国家資格を取得しました。鍼師、灸師、あん摩マッサージ指圧師という3つの国家資格を持っています。

　現在は、横浜駅東口の近くで「パクス・テルレーナ治療室」という、女性と子どものための鍼灸治療院を開業しています。治療院の名前は、ラテン語で「地上の平和」という意味です。フェリス女学院大学の元学長であり、恩師の弓削達先生につけて頂きました。

　プライベートでは、2児の母です。30代半ばで出産した長男、そして、2015年の春に出産した次男がいます。

第12章　For Others「他者のために」の精神を　177

　ここでは、学生時代に有志で活動をしていた、絵本を通して平和を考える会 SHANTI（サンスクリット語で「平和」という意味）というフェリスでのサークル活動や卒業して 20 年以上経過して SHANTI を再開したことなどについて、私なりにお話しします。

　自分と重ね合わせたりして、何か行動してみたいなあ、というヒントや参考になれば嬉しいです。

SHANTI 発足のきっかけ：アメリカでのボランティア活動

　私の大学生活は、仲間もたくさんできて、とても楽しく充実したものでした。しかし一方で、「このまま卒業して、私はどうなるのだろう」「主体的に何かをしたかな」「私に何が残るのだろう」という、漠然とした不安がつきまとっていました。

　特に、2 年生の夏を過ぎたあたり。次は 3 年生、4 年生、卒業がなんとなく見えてきた時に、そのような思いが強くなってきた気がします。「学生時代にこういうことをしていました」と誇れることが私には何もないまま卒業してしまうかもしれない、と思ったのです。

　そんな時に目にしたのが、「アメリカの学校で広島、長崎の被爆体験を伝えてみませんか？」という市民団体のボランティア募集の新聞記事でした。私は岡山県出身なのですが、中学生の時、そのボランティア団体の活動を紹介しているドキュメンタリー番組を見て、とても興味を持ったのを思い出しました。運命的なものを感じて、「これだ！」と思い、応募しました。

　面接などの試験を受けた結果、そのボランティアに参加できることになり、大学 3 年になる 1992 年の春に渡米しました。

　ボランティアたちは、一人ずつ全米のボランティア家庭にホー

ムステイさせてもらい、主に、学校、教会や平和に関する集会で、『にんげんをかえせ』など被爆直後の惨事を収めた映画を上映したり、友好親善のため日本文化の紹介などを行います。

「話をさせてもらう場」は自分たちで開拓していきます。私は、オハイオ州とニューヨーク州に、それぞれ半年ずつホームステイさせてもらい、そこを拠点として、学校の校長先生宛に手紙を書いたり、地図を見ながら教会を突撃訪問したりして、プレゼンテーションをする場を探しました。

最初は全く対応してもらえず、どうなるかと思いましたが、諦めずに続けていく中で、一人二人とご縁ができ、話をさせてもらう場は広がりました。1年間に179回、約5,000人ほどの方にお話をすることができました。マサチューセッツ州、バーモント州、中米のプエルトリコなどでも話をする機会に恵まれました。

原爆投下国であるアメリカで原爆を語るということ

アメリカでの反応は様々で、その多くが、「核の恐ろしさを知った」「これからも伝えてほしい」という好意的なものでした。しかし、批判を受けたこともありました。

「原爆は当時のアメリカ兵やアジアの人々の命を救った」「原爆はもう過去のこと。日米関係をぎくしゃくさせてほしくない」「日本の侵略行為はどう思うのか？　被害ばかり話すべきではない」などというものです。

そのような批判を受けた時に、アジア諸国を侵略した加害者である日本人が、被害を受けた広島、長崎をどう伝えていけばよいのか、原爆を語る資格があるのか、と深く悩みました。しかし、渡米する前に、研修旅行でお会いした、被爆者の方々の顔を思い

第 12 章　For Others「他者のために」の精神を　179

出した時、原爆はやはりもういらない、口をつぐんではいけない、伝えていきたいと思いました。それと同時に、日本が犯した過去の侵略戦争についても、考え、学び続けていこうと思いました。

SHANTI 発足：一人でやるより、みんなでやろう

　1 年間のボランティア活動は、あっという間に終わり、1993 年春に帰国して復学することになりました。そして再び学生生活に戻った時、「被爆 50 年を前に、この 1 年間の経験を何かに繋げていけないか」という思いを持ちました。「帰国してこの経験は終わり」というのでは、ちょっと寂しいし、違うなぁと思ったのです。

　私に引き続き何かできないかと思った時、思い出したのがアメリカの小学校を中心に話していた、禎子さんの話でした。佐々木禎子さんは、広島の平和記念公園の中にある、「原爆の子の像」のモデルとなった少女です。2 歳の時に被爆し、その後、原爆症による白血病で 12 歳の時に亡くなります。

　生きたいと願いながらも命を落としてゆく、原爆で被害を受けた同世代の彼女のことを、アメリカの子どもたちは、とても身近に感じてくれました。禎子さんの話をはじめると、やんちゃで一秒とじっとしていられないような元気な子どもたちが、急に静かになって、最後まで真剣に聞いてくれたのです。

　子どもたちのそのような姿を見る度に、原爆や戦争の恐ろしさが伝わったような気がしました。原爆を語ることに批判を受けた時、どのようにして原爆を伝えていけばよいのか、私にその資格があるのか、と悩んでいた私の励みになったのが、こういった子どもたちの姿でありました。

だからこそ、アメリカの子どもたちがとても関心を持ってくれた、広島の原爆で被爆した少女、佐々木禎子さんの話を絵本にしようと思ったのです。被爆50年という節目に、改めて大学生が絵本にする意義もあるとも考えました。

この禎子さんの絵本を作ろうというプロジェクトを「一人でやるよりみんなでやりたい」と、その時私は考えました。多くの人と共に、絵本を作るという活動を通して、フェリス生皆で平和や戦争、原爆について一緒に考えるという、その過程も一つの大切な取り組みになるのではないかと思ったからです。

そこで、のちにSHANTIの顧問を引き受けてくださる、学長であった弓削達先生の「平和思想史」という授業でメンバー募集を呼びかけさせてもらったり（突然学長室に行ってお願いしたのですが快諾して頂きました）、学内にチラシを掲示したりしました。多い時には20名ぐらいの人たちが集まってくれました。

また、弓削達先生が当時の明治学院大学の学長・森井眞先生との対談本（司会は作家の山口泉氏）『精神と自由』を1992年に出版した、オーロラ自由アトリエという出版社を弓削達先生からご紹介頂きました。

絵本を作るために、核や歴史について共に学ぶ

絵本の出版を引き受けてくださった、出版社・オーロラ自由アトリエの遠藤京子さん、作家の山口泉さんにも多くのご指導を頂きながら、私たちは、絵本を作るために、核を取り巻く状況や原爆投下までの歴史・侵略戦争を学ぶ勉強会などを開催しました。

メンバーが交代で一つのトピックを担当し、簡単なレポートを書いて発表したり、各地で開催されている戦争、原爆などの講演

会に皆で参加したりして、学びの場を持ちました。

　そして、絵本の中に、原爆投下の事実だけではなく、原爆投下までの日本が行った加害の歴史もきちんと記した上で、それでも原爆、核はいけないものだ、何があっても使ってはならない、というメッセージを入れようということになりました。これらの視点が、この絵本がとても評価されていることの一つとなっています。

　その他、学内にチラシを掲示して、広島、長崎に行ってみたいという学生を募り、スタディーツアーも開催しました。この絵本制作プロジェクトを通して、多くの人たちと、考え、知る機会を共有できればと思ったからです。1996年には、韓国の梨花女子大からの交換留学生も参加してくれました。

　また、多くの方に活動を知ってもらうために、ニュースレターの発行も行いました。

　こういった活動をしていく中で、「偏っている」「中立の立場に立たなくては」「政治的だ」という非難を受けることもありました。私たちは、ただただ戦争や原爆のことを子どもたちに伝えたいという思いで活動しているだけなのに、政治や歴史について話したりするだけで、なぜ途端にそのような非難を受けるのか、中立ってなんだろう、と悩んだ時期もありました。

　絵本を作る過程で、考えていたよりも難しい内容であるということを知り、遠ざかっていく人もいました。そのような中、残ったメンバー一人ひとりが、様々な思いを持って活動に取り組んでいきました。

　メンバーそれぞれの思いは絵本の後書きにも記されています。20年以上も前のものですが、同じ世代の学生の声なので、皆さん、どこか心に響くことや思うことがあるかもしれません。ぜひ読ん

でみてください。

絵本『さだ子と千羽づる』の完成、そして出版へ

　SHANTI発足の1年後、1994年8月6日の夏、絵本『さだ子と千羽づる』は、オーロラ自由アトリエより出版されました。その後、より多くの方々にこのメッセージを届けたいと、1995年に朝鮮語版を、1996年には英語版を翻訳出版しました。私は1995年に卒業し、その後は働きながら活動に携わりました。

　1996年の学園祭には、俳優の吉永小百合さんがこの『さだ子と千羽づる』の朗読に来てくださり、学内外から大きな反響がありました。

　また、絵本の制作、出版の過程で、朝日新聞の天声人語をはじめ、多くの新聞（朝日、毎日、読売、神奈川、中国新聞など）やテレビニュースに取り上げられました。1997年には、平和共同ジャーナリスト基金賞（大賞）を受賞しました。侵略戦争に言及した部分が高く評価されたそうです。

卒業後それぞれの道へ：仕事、結婚、子育て、それぞれのスタンス

　私を含め出版にかかわった多くの中心的なメンバーたちは、大学を卒業していきました。大学卒業後も暫くの間は、広島ツアーやニュースレター発行などを行っていましたが、月日が経つにつれて、仕事や子育てなど日々の生活に追われ、この活動からは次第に遠ざかっていってしまいました。

　核はなくなっていないし、戦争もなくならない、という現実の

第 12 章　For Others「他者のために」の精神を　183

中、学生時代のように活発には動けないことが凄くストレスだったこともありました。しかし、この絵本は私たちの手から離れて、沢山の方に読んで頂き、この絵本を手にする方の思いも重なって、反戦、反核、平和のメッセージが時を超えて広がっていきました。

　絵本『さだ子と千羽づる』は、今でも広島の平和記念資料館で販売され、各地の図書館や児童館にも置いてあります。ネットで購入することもできます。平和教材として使われているようで、全国の子どもたちがこの絵本を朗読したり、読書感想文を書いてくれているようです。

　また、この絵本に賛同した方々や出版社の方などが、広島の平和公園にある「原爆の子の像」の前で毎夏朗読会（主催：オーロラ自由会議）を開催されています。この朗読会はもう 20 年以上続けられています。今年も開催する予定だそうです。

福島第一原発事故の衝撃

　私たちメンバー自身も、日々の生活に追われる中、SHANTIとして積極的な活動はできていませんでしたが、我が子にこの絵本を読み聞かせたり、広島や長崎に旅行したりして、身近な大切な人にそれぞれの方法で、広島、長崎を伝えていました。

　そのような状況の中、2011 年 3 月 11 日に東日本大震災、その後、福島第一原発の事故が起こりました。3 月 12 日の 1 号機爆発からはじまり、14 日に 3 号機、15 日に 4 号機と立て続けに爆発していきました。国際原子力事象評価尺度（INES）に基づく評価は、最悪のレベル 7 です。2011 年 3 月 11 日発令された、原子力緊急事態宣言は 2017 年 12 月現在も解除されていません。

　当時、子どもを抱えた母親は西へ西へと避難し、関東の交通機

関、新幹線、空港はごった返していたそうです。

友人は、子どもと共に東京から岡山へ避難しました。新幹線は小さな子どもを抱えた母親たちで溢れていたそうです。他の友人はパートナーが当時、空港で勤務していました。避難する人たちで羽田空港がごった返している様子を見て、「これはやっぱりおかしい。普通じゃないから、とにかく田舎に帰ってくれ」と言ったそうです。友人は子どもたちを連れて実家のある四国に一時避難しました。

私はどうしていたかと言うと、開業している鍼灸院の地震被害が大きく、片づけに追われて心の余裕が全くありませんでした。当時まだ SNS をやっておらず、主な情報源はテレビや新聞だけで、「直ちに影響はない」という政府の見解や大手メディアの報道を信じてしまいました。

横浜市の市立中学校、小学校 17 校に、合計 3 トンの放射性廃棄物が今でも放置されているということが、最近ニュースで大きく取り上げられたように、ここ横浜にも放射性物質は降り注ぎました。2011 年当時、上の息子は 4 歳で幼稚園生でした。もっとしっかりと情報を集めればよかった、なぜ避難しなかったのか、今でも、子どもに本当に申し訳なかったと思っています。

その後は、なるべく被曝を避けようと、放射線測定器を購入して様々な場所を測定したり、原発から離れた西の食べ物を捜して歩きました。そして、終わることのない汚染が現実となった今、私自身が被曝や放射能について知識を増やすだけではなく、子ども自身にも、自ら身を守るために、放射能についてきちんと知らせなければいけないと思ったのです。

そのために、絵本『さだ子と千羽づる』を再び読み聞かせるようになりました。

放射能のことを知って：絵本『さだ子と千羽づる』を読み伝える

絵本『さだ子と千羽づる』には、次のような一節があります。

放射能は目にも見えないし、においもありません。
なにも感じないのです。
しかし、人びとの体の中にはいりこみ、
いろんな病気をひきおこします。
そのために傷ひとつなく元気だった人たちが、
その後つぎつぎと死んでいきました。

私は当時3歳だった息子に、この絵本の一節を通して、放射能は危険なものだから、たくさん集まっているかもしれないから、吹き溜まりには行かないように、砂場では遊ばないように、外から帰ったら手を洗ってうがいをするように、と日々伝えました。

その結果、息子は、原爆のこと、原発のこと、放射能のことを子どもなりに理解してくれるようになりました。

幼稚園生だった頃、息子が不安になって「ママこれ原発入っている？」と、よく私に聞いてきたのを今でも思い出します。私たちが幼い頃は、放射能と言えば、広島、長崎の原爆でした。しかし、息子の世代は、放射能は、「原爆」ではなく、「原発」になってしまいました。

福島では小児の甲状腺がんが増えているそうです。甲状腺がんの発症率から言えば、18歳以下にがんが見つかるのは2人程度、しかし、福島県では、その80倍を超える人数だったそうです。小さな子どもたちが影響を受けやすい放射能、その被害がどうなるのか、ずっと不安でなりません。

核のない世界に、放射能の脅威にさらされない世界に、平和な世界に、という当時の私たちの思いは今も叶わないままとなっている、しかも放射能汚染が起こってしまった、という絶望的な現実を突き付けられ、私たちは何をやってきたのだろう、と思いました。

そのような状況の中、ずっと核のことを考えてきたSHANTIとして、今こそ再び声を上げなくてはいけないのではないかと思ったのです。そして、今でも交流のある当時のメンバーだった数名に声をかけて、2011年6月に活動を再開し、SHANTIのホームページも作成しました。

もう一度、できることを再び

しかし、声をかけたとはいえ、当時学生だったメンバーたちは、今はいわゆるアラフォー世代。仕事や子育てに追われている日々でもあります。ですから、できることを無理のない範囲でやっていこうということになりました。

主な活動は、絵本朗読会です。依頼を受けた、学校、団体、地域や個人の集まりなどで、絵本『さだ子と千羽づる』の紙芝居風の朗読を行っています。子育てや仕事をしながらの活動なので、多くの依頼を受けることは難しいですが、できる範囲で年に数回ほど行っています。

放射能汚染、原発再稼働、憲法改正など、私たちが生きていく未来は今、大きな岐路に立っています。そのような現状の中、少しでも多くの方に放射能の恐ろしさを知ってもらいたいのです。そして、戦争によって庶民は何世代にも渡って傷つけられるものだということを、この絵本を通して伝えていければと思っています。

最後に、For Others「他者のために」の精神を

　このフェリス女学院大学で過ごした日々は、私の人生にとって本当に豊かな学びでした。私自身、こうして自分なりに声を上げることができているのも、フェリスの「他者のために」の精神に支えられてきたからだと思っています。

　SHANTI の活動も、当時学長で、SHANTI の顧問も務めてくださっていた弓削達先生をはじめ、多くの教職員の方に全面的に応援して頂き、自由にのびのびと活動することができました。

　一歩外に出れば、「政治的だ」「偏っている」という非難を受けて悩んだこともありましたが、ここフェリス女学院大学では、声を出すこと、行動することは素晴らしいことであると、応援してくださいました。これは本当に心強かったです。

　そして、「若者が変える社会：フェリスのシティズンシップ教育」という授業を受けることができるフェリス生の皆さんは本当に幸せだ、と改めて思いました。このような素晴らしい授業を学生のために考え、実行してくださる先生や学校は、本当に少ないと思います。

　今の私は、学生時代のような時間はなかなかとれませんが、日々の生活の中で無理なくやれることを積み重ねていければと思っています。大きなイベントや積極的な活動だけが意味のあることではありません。例えば、子どもに絵本を読み聞かせたり、子ども向けの読み聞かせボランティアに参加したり、SNS で政治に対しての思いを投稿したり、記事をシェアしたり、その小さな一つひとつが、未来に続く大切な取り組みだと思っています。

　戦時中、フェリス女学院は、フェリスと名乗れず、横浜山手学院と名称を変えさせられました。そんな時代に再びなってはなら

ない！　と思っています。今の私にできることは、少ないかもしれませんが、日々の生活の中で、他者のために何ができるかを考え、身近なところから実践していければという思いです。もちろん、我が子にもそうあってほしいと思っています。これからも「他者のために」という精神を伝えていきます。

（ゆあさ・けいこ）

あとがきにかえて

教員提案型授業「若者が変える社会：
フェリスのシティズンシップ教育」ができるまで

　戦後70年の節目となった2015年夏は、あらゆる角度から日本、そして世界における「民主主義」と「平和」について再考する契機となった。とりわけ、これまで政治に無関心と言われることの多かった若者が「民主主義」について熱く語り、そこに世代を超えた人々が共鳴することで、「社会を変える」ことへの手ごたえが、混迷する時代状況の中でも確実につかみとられた。他方で法改正によって、選挙権年齢が20歳から18歳に引き下げられ、大学1年生から「有権者」として、そして「市民」としての責任が問われることになった。

　こうした時代状況にありながらも、依然として「政治」と「若者」の距離は遠いとも感じられる。その理由としては、「社会が自分たちの手で変革可能だ」という具体的な認識と、そのための知的作法の欠如があるのではないだろうか。

　こうした問題意識のもと、各分野の教員の専門的知見、および卒業生や地域住民の経験から、フェリス女学院大学の学生に対して「社会変革を担う市民」として具体的に思考し行動するヒントを提供する「シティズンシップ教育」を行おう、という形で生まれたのが、本書に収められた教員提案授業「若者が変える社会：フェリスのシティズンシップ教育」である。

　2015年7月、安保法案が国会で審議される中、「安全保障関連法案に反対するフェリス女学院大学教員有志の会」が発足した。

教員有志が「呼びかけ人」となり、賛同者は教員、卒業生、学生そして一般市民も含めて405人にのぼった。「安保法制に反対するフェリス女学院大学教員有志の会」として、国会前や、公聴会の開かれた新横浜での抗議行動にも参加した。結局法案は「強行採決」されたわけであるが、フェリス女学院大学学内では、活動全体の総括と、有志の会としての意志の継続を発信する場として、11月14日に学内で報告会を開催した。憲法学を専門とする常岡（乗本）本学教授の講演のほか、学生や卒業生から、会への賛同のメッセージが寄せられた。また、「ママの会」で活動し、在学中には学生団体SHANTIとして絵本『さだ子と千羽づる』の作成に携わった卒業生湯浅佳子さんとの出会いも、この会からはじまった。

　しかし、この報告会で課題として残ったことがあった。それは、在学している現役の学生たちの参加がきわめて少なかったことである。もちろんそれにはさまざまな理由があったと思われるけれど、「有志の会」としては、教員有志の意志が学生たちに、もっとうまく伝えられる方法がないのか、という問題意識を新たに持つきっかけとなったことは間違いない。

　おりしも冒頭でふれたように、18歳選挙権が実現し、キャンパス内の全員が「有権者」となったタイミングである。学生に直接的にアプローチできる、教員にとってのもっとも大きなチャンス——つまり、大学の「講義」——に、有志の会の思いを反映することができないだろうか。そこで、すでに存在していた「教員提案授業」という単年度ごとのプロジェクトに申請してはどうだろうか、というアイデアが生まれた。「通常の大学での授業科目の枠におさまらないような、現代性や学際性のあるテーマについて、複数の教員が学生に“今”伝えたい内容を授業として提案する」

というプロジェクトの趣旨は、有志の会の願いにぴったりと合致した。そして学内での所定の手続きを経て、2016 年度前期に「若者が変える社会：フェリスのシティズンシップ教育」が誕生したのである。

「シティズンシップ」の定義そのものについては、本書の各章にあるように、あえて単一のものには定めずに、それぞれの専門領域や分野の文脈の中で学生に提示するようにした。しかしながら緩やかには、以下のように導入では説明を行った。

　　「シティズンシップ」とは、「社会の構成員として自らの権利を行使し、能動的・主体的に社会に働きかける市民であること」という意味です。18 歳選挙権制度が開始されフェリスで学ぶ学生の多くが国政選挙に参加することになったり、日本や世界の将来が大きく揺るがされるような事態が進んでいる今日、フェリス女学院大学での学びを、実際に「シティズン（＝市民）」として学生たちが社会の中で行動していくうえでの指針にするための発想や具体的な方法を提案できるような授業を目指して作られました。これは、フェリスの建学の精神に立ち返ることでもあります。

（フェリス・ブログ　2016 年 6 月 22 日）

担当者は、本書にあるように、憲法学、法学、心理学、歴史学、政治思想、文学、社会学、音楽など多岐にわたる分野の教員から構成され、文字通りフェリス女学院大学のすべての学科から教員が参加した。こうした授業形態そのものも、受講生にはすこぶる好評で、木曜 5 限という、大学の時間割上は必ずしも条件のよくないコマにあっても、60 名近い学生が受講した。

実際のクラスは、以下のように進行した。

第1週　　イントロダクション：主体的な市民であることとは。（複数担当教員）

第2週　　私たちの私たちによる私たちのための政治。常岡（乗本）せつ子（国際交流学部）

第3週　　頼りにならない日本の裁判所。荒井真（国際交流学部）

第4週　　人権問題としてのカルトそしてマインド・コントロール。渡辺浪二（文学部）

第5週　　歴史をつくる若者たち：近現代社会における学生というエージェント。梅﨑透（文学部）

第6週　　第二の誕生と公共空間：なくてはならない他者の存在。矢野久美子（国際交流学部）

第7週　　「ブラック社会」を生き抜く知恵：『蟹工船』10の名文句。島村輝（文学部）

第8週　　近代民主主義と市民：日米文化比較の観点から。渡辺信二（文学部）

第9週　　ベートーヴェンとショパン、自由への行程（※演奏付き）。堀由紀子（音楽学部）

第10週　　女性の身体をめぐる闘い：ワイマール共和国時代ドイツ、妊娠中絶禁止法と女性たち。田丸理砂（国際交流学部）

第11週　　ピープル・パワーとスチューデント・パワー：路上とキャンパスから政治が変わる。小ヶ谷千穂（文学部）

第12週　　女性の「性」が大切にされる社会にするには：日本軍「慰安婦」問題と性教育。井上恵美子（文学部）

第 13 週　ゲスト・スピーカー：ママの会 @ 神奈川、SHANTI・湯浅佳子さん（文学部国際文化学科卒業生）、中塚次郎（国際交流学部）

第 14 週　期末テスト

　最後の期末テストは記述式で行われ、その問題内容は、第一問「これまでの講義のうち、2 回以上の具体的な内容を取り上げながら、「若者が変える社会：フェリスのシティズンシップ教育」の中であなたが学び取ったこと、考えたことを論じてください。（「主体的／能動的市民」あるいは「シティズンシップ」というキーワードを用いること）。第二問「第一問で論じたことを踏まえた上で、7 月 10 日の参議院議員選挙をめぐって、あなたはどのようなことを考えましたか。自由に論じて下さい。」であった。

　先に第二問に関して言えば、市民であることと選挙参加とが非常に重要な関係があることを自覚し、自分で情報を集めて判断したと、多くの答案が記述している。「投票行動が私を大きく成長させ、市民にしてくれた」という感想もあった。また、投票に行かなかったという学生たちも、なぜ、行かなかったのかを説明しようとしていたのが印象的であった。

　第一問に関しては、自分たちがフェリス女学院大学の学生であるという自己認識をバネとして、学生とは何か、女性であることとは何か、を中心課題として真摯な思考を行っている姿が浮かび上がってきた。以下、その趣旨をいくつか箇条書きで紹介する。

- 　主体的な市民となることがフェリス女学院大学の教育理念であることを初めて知った。
- 　そもそも「市民」であるとは何なのかをもう一度考える。

- 「無知は罪なり」を自覚して、自分たちで情報を収集して判断する。
- 「知は力なり」なので、「知る勇気を持つ」ことが肝要である。
- すべてが、私たちに関わってくる。
- 若者は新しい何かをもたらすことができると信じる。
- 何かを発信することが重要だ。
- 女性の基本的人権を認めない社会にこれからも生きてゆかねばならないのか。
- 男性優位社会の中で、無自覚に、無知のままで、生きることはもはや許されない。
- 自分たちの力で社会を変えることができる、と考えることが大切だ。

　市民権が自由と強く結びついていることを再認識し、社会の様々な局面に問いを発していこうとする姿勢が感じられる。また、卒業生湯浅佳子さんのお話が、強い衝撃と大きな勇気を在学生たちに与えたことも特記しておきたい。

　以下、受講生の記述回答を数件、抜粋で紹介する。

コミュニケーション学科2年　R・K
　この講義を受けて、能動的市民であることの大切さを学んだ。しかし、人が能動的に動くためには、まず、個人の権利と自由がその社会で保障されていることが不可欠であると知った。
　自由や意思というものが保障されていない、いなかった人たちは、どのような人なのかを女性の観点から考えると、慰安婦であっ

た人たち、また、妊娠中絶禁止法をめぐって闘った女性たちのことが頭に思い浮かんだ。

どちらの回でも問題になっていたのは、女性が一人の人間としてよりも、ものとして扱われている部分があることだ。慰安婦の人たちは非常に過酷な状況に置かれ完全に男性の支配下に置かれていた。中絶禁止法にしても、本来妊娠は女性だけの問題ではなく、相手の男性がいるはずなのに、女性ばかりが負担を強いられることになる。「将来の国民を生む身体」と言えば聞こえはよいが、裏を返せば、女性におろすという選択肢を与えない、意思表示をする権利を認めない危険な考えでもある。

二つの回でもう一つ共通するテーマは、女性の権利を奪うことが実は男性の意思も奪うことになる、ということだ。慰安婦の回で、「男性は欲望をコントロールできないから」というのなら、それは、本当にコントロールできない男性以外にとってはひどい決めつけであろう。しかし、そのような一種の洗脳が男性の思考そのものを悪い方向にコントロールしている、ということを学んだ。また、「将来の国民」という言葉も、よく考えれば、恐ろしいかもしれないと気づいた。それは、「自分たちと同じ国の者、生産性を持つ者」という意味であり、そこに、個人としての尊重の念があるのだろうか。女性がものとして扱われる社会では、ほとんどの男性もまた、個人として尊重されず、多くの場合、一部の権力者に支配されながら生きてゆくことしかできないのではないだろうか。

私は、国民であり、市民でありながらも、決して、他の誰かと同じ者ではなく、あくまでも自立した存在として「活きて」いきたいと考える。これから存分に自分の中に眠っているパワーを発揮できるようになるだろうと、自分自身に期待している。

英語英米文学科　2年　H・N

　今回、「若者が変える社会」というテーマの下、主体的な市民である大切さを学びました。

　「歴史を変える若者たち」の回では、学生は、集団として社会に働き掛けてゆくことのできるエージェントだとお話しされていました。アメリカの歴史の中で、経済や政治に抑圧され差別される若者たち、学生たちが対抗運動を行っており、特に大学内でのストライキ、デモにより、自分たちの主張や意見を発してきたと学びました。

　「ピープル・パワーとスチューデント・パワー」では、長く植民地だったフィリピンの学生たちは、理不尽だと思ったことに対して学生運動を盛んに起こすと知りました。

　日本の学生も本来そうなのですが、アメリカ、フィリピンに劣らず、大学で様々なことを学びます。知は視野を広げ、自分たちが今しなければならないこと、世の中のおかしいことを気づかせます。学生たちは、おかしいことに対抗するパワーを持っているのです。私も同じ学生として、決められたものごとを受け入れるばかりではなくて、自分たちで考えて選んで決めていきたいと思います。

　「SHANTI」の回では、卒業生の湯浅さんが、まさに主体的市民のお手本として、私たちにお話をしてくださいました。フェリス女学院の学生時代に行った、SHANTIとしての絵本の発行、広島について、日本の戦争について学び、今でも、母としてできる活動をしていることにとても感動しました。同じ学生として、私は、日本の社会の一員でもあり、理不尽な時には批判ができる主体的市民であろうと考えました。

コミュニケーション学科　2年　C・S

　社会において、私たち若者ができることなど少ない、と感じていましたが、毎週のように先人たちの成功や失敗の歴史を先生方から学ぶことができています。高校以前の社会の授業とは全く違った面白さであり、先生方の"伝えたい"という気持ちが強く感じられます。

　毎週授業を終えると、この学校にいることに誇りを持つことすらできています。素晴らしい先生方がいて、新しい授業体系で社会参加の意義と、社会を変える意志とを私たち若者に持たせることができています。

＊　　＊　　＊

　本書は、シティズンシップの観点から、「自分を変える」「社会を変える」ことの具体的なヒントを、学生たちにさまざまな事例に基づいて紹介し、議論を喚起しようとした10余名の教員と卒業生による「フェリスのシティズンシップ教育」の講義記録である。なお、序論は、本書をまとめる際に書き下ろしとして書かれた。

　最後になるが、快く出版を引き受けてくださった松柏社森信久氏へ、執筆者一同、万感の想いを込めて感謝します。
　また、授業を通して様々な刺激を私たち教員に与えてくれた2016年度受講生のみなさんにも、心からの感謝を。

（小ヶ谷千穂　渡辺信二　記）

●執筆者紹介

荒井　真（あらい　まこと）

フェリス女学院大学国際交流学部国際交流学科教授。専門は、比較法、比較法律家論、ヨーロッパ法史、ヨーロッパ大学史。アメリカ・イギリス・ドイツ・日本における法律家の活動を比較しつつ、日本の法システムを批判的に考察している。現在は、ナチス期ドイツの弁護士及び裁判官について研究中。

井上　惠美子（いのうえ　えみこ）

フェリス女学院大学文学部コミュニケーション学科教授。専門は、日本近現代ジェンダー平等教育。ジェンダーフリー教育・性教育・慰安婦問題に対するバッシングや「家庭教育支援法案」の動向のチェックも。著書は『ジェンダーと教育の歴史』（共著、2003 年、川島書店）、『多文化・共生社会のコミュニケーション論——子どもの発達からマルチメディアまで——』（共著、2008 年、翰林書房）など。

梅﨑　透（うめざき　とおる）

フェリス女学院大学文学部英語英米文学科教授。専門は、アメリカ現代史、歴史学。「長い 1960 年代」論を中心に、ニューレフト、黒人解放運動、カウンターカルチャーを研究。著書に『グローバルヒストリーとしての「1968 年」』（共編著、2015 年、ミネルヴァ書房）、『ヘイトの時代のアメリカ史』（貴堂嘉之・兼子歩編、2017 年、彩流社）など。

小ヶ谷　千穂（おがや　ちほ）

フェリス女学院大学文学部コミュニケーション学科教授。専門は国際社会学・国際移動論。主にフィリピンからの人の移動を中心に、香港やシンガポールなどに家事労働者として働きに行く女性たちの組織活動や、出身家族との関係、「移動する子ども」やミックスルーツの若者たちについて研究。日比国際児（JFC）とその母親の支援活動にも長く従事。主な著書に『移動を生きる：フィリピン移住女性と複数のモビリティ』（2016 年、有信堂高文社）、『国際社会学』（共編著、2015 年、有斐閣）など。

島村　輝（しまむら　てる）

　フェリス女学院大学文学部日本語日本文学科教授。専門は、日本近現代文学、芸術表象論。小林多喜二、その他プロレタリア文学、モダニズム文学関係の研究など多数。平和問題、社会問題についての発言や行動も多い。著書に『『心のノート』の言葉とトリック』（2005年、つなん出版）、林京子『被爆を生きて――作品と生涯を語る』（聞き手、2011年、岩波ブックレット）など。

田丸　理砂（たまる　りさ）

　フェリス女学院大学国際交流学部国際交流学科教授。専門は、ドイツ文学、ジェンダー論。著書に『髪を切ってベルリンを駆ける――ワイマール共和国のモダンガール』（2010年、フェリス女学院大学）、『「女の子」という運動――ワイマール共和国末期のモダンガール』（2015年、春風社）など。ブログ「わたしの女友だち・ドイツ語の本」http://buecher2015.blog.fc2.com/ ではドイツ語圏の女性作家の作品を紹介している。

常岡（乗本）　せつ子（つねおか（のりもと）　せつこ）

　フェリス女学院大学国際交流学部国際交流学科教授。専門は、比較憲法学。日本国憲法の平和主義の現代的意義や国民投票などの研究多数。講演やマスメディアを通じての発言を精力的に続けている。共著に『新版英和対訳　日本国憲法をよむ』（2013年、柏書房）、論文に「日本国憲法の平和主義と戦後責任」『平和研究』（2015年、日本平和学会）、「裁判官弾劾」『憲法判例百選Ⅱ〔第五版〕』（2007年、有斐閣）、「勾留の起訴となっていない被疑事実の無罪判決と刑事訴訟」〔憲法判例百選Ⅱ〔第六版〕〕（2013年、有斐閣）など。

堀　由紀子（ほり　ゆきこ）

　フェリス女学院大学音楽学部演奏学科教授・ピアニスト。東京芸術大学及び同大学院に学んだ後、1986年に渡欧、以後の12年はスイスを中心とする欧州諸国でソリストとして、また室内楽の共演者として広く活躍。主なCDに『ラヴェル「鏡」＆リスト・ピアノソナタロ短調』、『J.S. バッハ・6つのパルティータ』がある。2013年に始めたトークつきコンサートシリーズ「夜のひとときクラシック」を好評のうちに展開中。

矢野　久美子（やの　くみこ）

　フェリス女学院大学国際交流学部国際交流学科教授。専門は、思想史・ドイツ政治文化論。ハンナ・アーレントを中心に翻訳や研究を進めてきた。著書に『ハンナ・アーレント、あるいは政治的思考の場所』（2002年、みすず書房）、『ハンナ・アーレント「戦争の世紀」を生きた政治哲学者』（2014年、中公新書）など。

湯浅　佳子（ゆあさ　けいこ）

　フェリス女学院大学OG有志・絵本を通して平和を考える会SHANTI（シャンティ）代表。1995年フェリス女学院大学文学部国際文化学科卒業。卒業後、医療系団体にて広報誌の編集・制作を担当。その後、鍼灸専門学校へ入学し、鍼灸師、あん摩・マッサージ・指圧師の国家資格を取得。現在、女性と子どもの鍼灸治療室、パクス・テルレーナ治療室副院長。女性のライフステージに寄り添うケアを行うとともに、「人を癒す医療も平和で健康な社会があってこそ機能する」という考えのもと、日々の診療にあたっている。

渡辺　信二（わたなべ　しんじ）

　フェリス女学院大学文学部英語英米文学科教授。専門は、アメリカ文学、アメリカ詩、創作。共編著『アメリカ文学案内』（2008年、朝日出版社）、論文「バートルビーの倫理と資本主義の良心」（2016年、『フェリス女学院大学文学部紀要』）、詩集『アシャーの湖』（2015年、松柏社）など。

渡辺　浪二（わたなべ　なみじ）

　フェリス女学院大学文学部コミュニケーション学科教授。専門は、社会心理学。自己意識、影響過程の心理、カルト問題とマインド・コントロール論などの研究。福島県浪江町の復興研究プロジェクトやカルトからの脱会の研究活動にも参加している。『基礎からの心理学』（共編著、2009年、おうふう）、『影響力の武器 第3版』（分担訳、2014年、誠信書房）など。

少しだけ「政治」を考えよう！　若者が変える社会

2018 年 4 月 25 日　初版第一刷発行
2018 年 6 月 25 日　初版第二刷発行

編著者　フェリス女学院大学シティズンシップ教育グループ
　　　　島村輝・小ケ谷千穂・渡辺信二
発行者　森 信久
発行所　株式会社 松柏社
〒 102-0072　東京都千代田区飯田橋 1- 6- 1
電話　03（3230）4813（代表）
ファックス　03（3230）4857
E メール　info@shohakusha.com
http://www.shohakusha.com

装幀　常松靖史［TUNE］
組版・校正　戸田浩平
印刷・製本　倉敷印刷株式会社
ISBN978-4-7754-0249-8
Copyright ©2018 Group for Citizenship Education at Ferris University

定価はカバーに表示してあります。
本書を無断で複写・複製することを禁じます。

JPCA
日本出版著作権協会
http://www.e-jpca.com/

本書は日本出版著作権協会（JPCA）が委託管理する著作物です。
複写（コピー）・複製、その他著作物の利用については、事前に JPCA（電
話 03-3812-9424, e-mail:info@e-jpca.com）の許諾を得て下さい。なお、
無断でコピー・スキャン・デジタル化等の複製をすることは著作権法上
の例外を除き、著作権法違反となります。